DOM DU BOURG
PRIEUR DES BÉNÉDICTINS

UN PRÊTRE D'AUJOURD'HUI

L'ABBÉ FLEURET

CURÉ DE SAINT-PHILIPPE-DU-ROULE
A PARIS

1835-1914

Librairie académique PERRIN et Cie.

L'ABBÉ FLEURET

CURÉ DE SAINT-PHILIPPE DU ROULE

DU MÊME AUTEUR

Du champ de bataille à la Trappe. *Le frère Gabriel* (1835-1897), précédé d'une préface du comte Albert de Mun, de l'Académie française. 8ᵉ édition. (*Ouvrage couronné par l'Académie française*). 1 volume in-16 avec gravures. . . . . 3 fr. 50

L'art de souffrir. Préface de François Coppée, de l'Académie Française. 1 vol. in-16. . . . . 3 fr.

Une Extatique au XVIIᵉ siècle. **La Bienheureuse Jeanne-Marie Bonomo.** Moniale Bénédictine. 1606-1670. 1 vol. in-16. . . . . 3 fr. 50

Nos Saints de Paris. 1 volume in-16. . . . . 3 fr. 50

La vie religieuse en France sous la Révolution, l'Empire et la Restauration. Mgr Du Bourg, *évêque de Limoges* (1751-1822). 1 vol. in-8ᵒ écu avec grav. . . 5 fr.

L'ABBÉ FLEURET

Curé de Saint-Philippe du Roule.

DOM DU BOURG

Prieur de Ste Marie

UN PRÊTRE D'AUJOURD'HUI

L'ABBÉ FLEURET

CURÉ DE SAINT-PHILIPPE DU ROULE
A PARIS

1835 - 1914

PARIS

LIBRAIRIE ACADÉMIQUE
PERRIN ET Cie, LIBRAIRES-ÉDITEURS
35, QUAI DES GRANDS AUGUSTINS, 35
1917

Tous droits de reproduction et de traduction réservés pour tous pays

NIHIL OBSTAT

Parisiis 20 mai 1917
FR. L. GAUGAIN
Abbas Locogiacensis.

IMPRIMATUR

Parisiis 20 mai 1917
H. ODELIN
Vic. gén.

Copyright by Perrin et Cie 1917.

Lettre du Cardinal Amette
Archevêque de Paris

Paris, le 22 juin 1917.

Mon révérend Père,

J'ai parcouru avec un pieux intérêt votre biographie de M. l'abbé Fleuret, curé de Saint-Philippe du Roule.

En l'écrivant, vous avez voulu témoigner votre reconnaissance à celui qui fut le bienfaiteur insigne de votre Prieuré Bénédictin d'Auteuil, mais vous avez estimé aussi faire œuvre grandement utile en conservant la mémoire d'un prêtre et d'un curé modèle. Je vous en félicite et vous en remercie.

Le clergé de Paris, que monsieur Fleuret a tant honoré et édifié par la dignité de sa vie et par ses hautes vertus, les paroisses où s'est exercé son zèle avec tant de fruit, les âmes qu'il a dirigées et sanctifiées, aimeront à le retrouver dans vos pages ; grâce à vous, il continuera ainsi d'exercer parmi nous son apostolat.

Agréez, mon cher et révérend Père, l'expression de mes sentiments religieusement dévoués.

✝ Léon-Adolphe cardinal Amette,
Archev. de Paris.

Lettre de Monseigneur Lecœur,
Evêque de St-Flour

Mon reverend Père,

En consacrant à la mémoire de monsieur Fleuret, curé de St-Philippe du Roule et vicaire général de St-Flour, les pages que vous avez bien voulu me communiquer, vous vous êtes proposé de payer un tribut d'affection et de gratitude à un homme bon dans toute la force du terme et de présenter au clergé un modèle de vie sacerdotale.

Ses amis, ses compatriotes, au nom desquels je dois seulement parler, vous en sont très reconnaissants.

Le clergé, en particulier celui de mon diocèse, vous remercie d'avoir retracé l'image de « ce prêtre exemplaire » que fut M. Fleuret. Prêtre, il l'a été par l'admirable régularité de sa vie, par sa piété, par son absolue fidélité à l'Eglise, à sa doctrine et à sa hiérarchie, par son dévouement filial envers le Souverain Pontife, par sa générosité éclairée et inlassable à l'égard des œuvres chères à un « prêtre d'aujourd'hui, » selon votre expression, enfin par cet air de dignité simple et distinguée, qui en faisait aussi un prêtre d'autrefois.

Telles étaient les lignes essentielles de la physionomie de M. Fleuret. Vous les avez heureusement rassemblées dans un portrait fidèle.

Vous n'avez pas oublié de mentionner son attachement à l'Auvergne, à ce diocèse de St-Flour, où Dieu plaça son berceau, où nous gardons sa tombe avec une piété reconnaissante. Ce trait achève la peinture d'une âme, faite à la fois de bonté généreuse et d'énergie tenace et patiente. Je vous remercie de l'avoir signalé.

Veuillez, mon révérend Père, recevoir mes félicitations pour l'hommage rendu par vous à la chère mémoire de M. le chanoine Fleuret et pour le bien que sa vie fera à vos lecteurs.

Je demande à Notre Seigneur de vous en récompenser et je prie Notre-Dame de Pitié, que ce prêtre admirable a tant aimée, de vous bénir et de vous protéger au milieu de la tempête déchaînée en ce moment sur le monde.

Agréez, mon très révérend Père, l'expression de mes sentiments respectueusement dévoués en Notre-Seigneur.

Signé : † PAUL,
Ev. de St-Flour.

INTRODUCTION

PARIS. SA POPULATION. SON CLERGÉ

INTRODUCTION

PARIS ET SON HAUT CLERGÉ

Il est impossible de visiter ou d'habiter Paris sans que l'esprit s'arrête stupéfait devant la population de la ville géante, devant ces multitudes d'êtres humains qui ont établi leurs demeures dans les quartiers élégants ou commerciaux de son centre ou dans les taudis de sa périphérie. Au milieu de cette marée humaine, le passant s'avance, se sentant un inconnu et un indifférent pour tous ces hommes qui remplissent les immenses voies de communications pour leurs plaisirs, leurs affaires ou leur travail. Tous les jours, les chemins de fer déversent sur Paris de nouveaux flots humains qui viennent de toutes les provinces de France se mêler à la mer immense ; ces émigrants apportent, chacun de son pays d'origine, les instincts, les mœurs, le langage qui ont été les leurs jusqu'à ce jour. Dans cette agglomération, ils sont étrangers les uns aux autres, pour le passé comme pour l'avenir, et n'ont dans le présent entre eux que les relations créées par par la cohabitation ou les antagonismes de la lutte pour la vie : toutes les particularités qui auparavant distinguaient dans le pays natal l'individu de la masse ne tardent pas à s'estomper et à se perdre dans la vulgarité envahissante. Dans cette cohue parisienne, chaque province envoie son contingent ; toutes les positions sociales sont représentées ; toutes les professions font leurs efforts pour y établir le centre de leur activité et la source de leur prospérité et de leurs développements. Quel que soit le jugement que l'on porte sur un pareil état de choses, qui est commun à tous les pays et que nul effort humain ne semble capable d'enrayer, on ne peut que constater son existence, et se borner à étudier les moyens de remédier aux inconvénients et de faire à ces foules déracinées le plus de bien possible.

Car c'est au point de vue moral et religieux que le problème se pose inquiétant pour l'avenir et mérite de fixer l'attention. Pour tout esprit chrétien et français qui sait que l'homme n'est pas sur la terre, uniquement pour faire prospérer ses intérêts matériels, mais, aussi et avant tout, pour sauver son âme; pour le penseur, convaincu que la vitalité et la prospérité d'un pays sont indissolublement liées à sa foi et à son attachement à ses traditions, il n'est pas de problème plus important à résoudre, plus angoissant à considérer ; ce n'est pas sans un profond serrement de cœur qu'il voit se produire et s'accentuer de jour en jour cette ruée provinciale vers la capitale, pour s'y procurer les ressources et les avantages de la civilisation moderne. Voyez tous ces jeunes gens, élevés jusqu'à ce jour dans l'air salubre de leurs mai sons familiales, à l'ombre de leurs clochers, dans les habitudes et la pratique de leur vie chrétienne; en débarquant du train qui vient de les amener du fond de leurs provinces, ils se trouvent devant cette mer humaine qui déferle indifférente de tous les côtés; leurs yeux s'arrêtent éblouis devant ce kaléidoscope de richesses et de plaisirs, dont le mirage les séduit et les entraîne, sans penser aux désillusions du lendemain et peut-être aux désespoirs du surlendemain. Pauvre naufragé inconnu, au milieu de la foule égoïste et indifférente, il cherche en vain les soutiens et les guides qui jusqu'ici ne lui ont jamais fait défaut. Qu'il serait heureux de trouver, dans ces moments de détresse, où le présent est sombre, où, après le travail rémunérateur du début, il frappe à toutes les portes sans parvenir à se faire *embaucher*, ce vieux curé, qui là-bas, chez lui, le connaissait depuis son enfance, qui l'avait baptisé, lui avait fait le catéchisme, lui avait fait faire sa première communion ! Il ne serait pas un étranger pour lui ; pour remplacer la famille absente, son cœur paternel et dévoué se serait ouvert au pauvre isolé et lui aurait donné consolations et réconforts. Mais ce curé, où le trouver à Paris ?

Dans les premiers jours, il a bien essayé, au milieu des misérables ruelles où il a été louer sa chambre de pauvre ouvrier, de découvrir un clocher, le porche d'une église, où il puisse entrer, prier et où il eût été assuré de trouver un allègement à ses angoisses d'exilé. Mais l'église, quand il a eu le courage de demander où elle se trouve, est bien loin de son grenier ; et il doit se rendre dès avant l'aube au chantier, où il gagne son pain de chaque jour, sans avoir le Dimanche pour prendre son repos, se dilater le cœur et remplir ses devoirs de chrétien. Les regrets que lui ont causés tout d'abord cette servitude et cette impossibilité ne tardent pas à s'atténuer ; peu à peu l'oubli se fait ; l'indifférence remplace le souvenir du passé et, dans un temps plus ou moins long, se transforme en hostilité et mépris pour toutes les traditions du village, pour la foi et la pratique qui firent la joie des premières années. Ceux qui ont charge d'âmes, comment ne considèreraient-ils pas avec tristesse et émotion un pareil spectacle ? Certes, ils ne se laissent pas décourager par cette tâche humainement impossible de ces populations de 60.000, de 100.000 âmes confiées au zèle d'un curé et de quelques vicaires qui ne peuvent pas connaître leurs ouailles ni en être connus. Mais ces prêtres se meuvent comme dans un désert, dans leur église paroissiale qui semble beaucoup trop vaste pour ces innombrables fidèles, qui ne comptent que sur leurs registres. L'archevêque de Paris, le cardinal Amette, a vu le mal et, vaillamment, a entrepris la lutte ; il a compris que Jésus-Christ ne voulait pas la prolongation de cette situation qui devait avoir pour conséquence finale la diminution et puis la disparition de la foi dans son immense troupeau : il s'est mis à l'œuvre : il a multiplié les paroisses, les chapelles de secours, surtout dans les quartiers pauvres et populaires où le mal se fait sentir d'une manière plus aiguë. Déjà des transformations providentielles se sont produites et encouragent la poursuite de ces efforts apostoliques.

Si la création de nombreux centres de prières répare une partie du mal signalé, cette partie n'est qu'accessoire, et peut se résoudre avec des moyens humains, en y consacrant d'énormes sommes d'argent. Mais l'église, sans prêtres, n'est rien : c'est là où le danger sérieux se dresse devant nous, insoluble sans l'aide de Dieu. Il faut des prêtres, un nombre immense de prêtres, pour donner Dieu à ces populations dont les accroissements continuels n'ont pas de limites. Dans la plupart des quartiers de Paris et de sa banlieue, c'est la foi à reconquérir. C'est presque un pays de mission où la robe noire doit se faire subir, accepter et enfin aimer. Pour grouper ces catéchumènes civilisés dans ces enceintes de fortune que le zèle et l'industrie des pasteurs auront pu préparer, il faut des prêtres, beaucoup de prêtres. Où trouver ces prêtres ? où les recruter ? Ce n'est pas en général dans la population parisienne, si mouvante, si instable, si absorbée par les soins de la vie de chaque jour, qu'il est permis de compter faire d'amples récoltes sacerdotales. C'est la province qui doit les fournir ; c'est elle qui a envoyé la population ; il est juste qu'elle envoie aussi le clergé qui doit se dévouer à elle.

Mais, plus que les hommes appartenant à d'autres classes sociales, les ecclésiastiques éprouvent une répugnance légitime à s'expatrier, à quitter le diocèse où ils ont reçu leur formation cléricale et où se bornent en général leurs vues d'avenir, pour venir prendre place dans les rangs du clergé Parisien, malgré les attraits que peut présenter à certaines âmes la perspective des rudes travaux d'apostolat dans des milieux inconnus, indifférents ou hostiles.

Pour obvier, dans une certaine mesure, aux conséquences d'une situation, en apparence insoluble, la Providence a pourvu la ville de Paris d'une institution qui a un grand renom et qui joue un rôle considérable dans le recrutement du clergé Parisien : je veux parler du Séminaire de Saint-Sulpice. Dirigé par les prêtres appartenant à une congrégation qui a pris pour objectif de son zèle et de son action la formation ecclésiastique des jeunes clercs, il put mettre à la tête de toutes les branches de l'enseignement ce que la congrégation possède d'hommes les plus éminents par leur savoir, leur doctrine et leurs vertus ; aussi le séminaire de Saint-Sulpice ne tarda-t-il pas à étendre sa renommée et son influence et à attirer de tous les diocèses de France des élèves d'élite.

Après avoir terminé le cours de leurs études philosophiques et théologiques et avoir reçu l'ordination sacerdotale, les jeunes prêtres devaient revenir dans leurs diocèses respectifs, et les faire bénéficier de ce qu'ils avaient acquis de savoir et de formation cléricale dans le séminaire Parisien. Mais, bientôt dans ce personnel d'élite, il se produit une scission ; une partie notable de ces jeunes prêtres demande à fixer à Paris leur existence sacerdotale, et à consacrer pour toujours leur zèle à ce diocèse, à qui ils doivent tant et où il y a tant de bien à faire. En résumé, jusqu'à ces derniers temps, le séminaire de Saint-Sulpice joue, par rapport au clergé, vis-à-vis de la province, le rôle, pour ainsi parler, d'une pompe aspirante et foulante. En effet, le Séminaire attire à Paris une portion d'élite des clergés provinciaux et plus tard, son œuvre achevée, rend à leurs diocèses d'origine ces jeunes prêtres, ou bien en garde une notable réserve qui subvient aux besoins des paroisses parisiennes et forme l'appoint indispensable et prédominant du clergé de ce diocèse.

Ce mode de recrutement, que la nécessité a imposé, présente l'avantage précieux de fournir à la ville de Paris des prêtres qui, en dépit de leur formation commune de Saint-Sulpice, conservent les caractères spéciaux des pays qui les ont vus naître et leur ont donné les éléments de leur éducation cléricale. Ces prêtres ont beau faire partie du clergé de la capitale, ils n'ont garde d'oublier les manières d'être, les mentalités, le langage de *leurs petites patries*; leurs compatriotes ont bien vite fait de découvrir, dans leurs besoins, le chemin qui conduit à leurs presbytères et à leurs cœurs. C'est ainsi que dans une portion notable et non des moins distinguées des prêtres de la capitale nous retrouvons les deux caractères de Parisien et de Provincial qui s'unissent pour le plus grand bien du ministère qui leur est confié.

Ces quelques considérations d'ordre général m'ont semblé utiles pour résumer la vie et l'action du prêtre éminent, dont nous entreprenons d'écrire la biographie, et qui réunit en soi d'une manière très remarquable ce double caractère, y puisant les moyens d'étendre les rayonnements de son zèle pour la gloire de Dieu et le bien des âmes et de sa charité inépuisable, de Paris aux montagnes du Cantal.

CHAPITRE I

CADRE. CANTAL. FAMILLE. ENFANCE. EDUCATION. SÉMINAIRE

CHAPITRE I

CADRE. CANTAL. FAMILLE. ENFANCE. EDUCATION. SÉMINAIRE.

Le Cantal n'est pas un de ces pays aux aspects riants, aux plaines fécondes, aux vertes collines, comme on en trouve si souvent dans la *doulce France* : c'est une région de sévères montagnes au front farouche et pittoresque, qui attire les pas du touriste, mais ne sollicite pas l'immigration de l'étranger. Il fait partie du plateau central de la France ; s'il ne contribue pas beaucoup à la richesse matérielle de la nation, il a des réserves morales que pourrait lui envier plus d'une province, en apparence plus favorisée. Comme il se produit dans tous les pays montagneux, les contrées de l'Auvergne exercent une irrésistible attraction sur tous ceux qui y ont vu le jour. Si l'insuffisance des ressources locales force une partie notable de la population à s'expatrier temporairement pour aller chercher dans d'autres centres, notamment à Paris, des ressources qui chez eux leur font défaut, tous ces émigrants emportent dans leurs cœurs un indestructible attachement pour leurs sauvages rochers qui encadrent des vallées verdoyantes et se mirent dans la limpidité de leurs cours d'eau. Ici, comme partout ailleurs, l'attachement au sol natal va de pair avec l'esprit traditionnaliste et avec la conservation de la foi. Aussi le Cantal, avec les églises romanes de ses villages et les ruines des châteaux qui couronnent ses cimes, se présente-t-il comme un spécimen bien vivant de la vieille France. Les familles conservent un profond attachement pour la maison paternelle : les générations s'y succèdent, fidèles aux traditions et aux principes du passé ; les Auvergnats arrondissant par un travail opiniâtre le domaine familial, n'ont ni la pensée, ni le désir d'échanger pour une existence moins austère et plus confortable, celle qu'avaient menée leurs pères et reviennent toujours à l'ombre de l'église où ils ont été baptisés, où ils ont prié et où ils veulent que soit béni leur dernier sommeil.

C'est à Allanche, petite ville de l'arrondissement de Murat qui conserve encore de nos jours la physionomie sévère et pittoresque des petites places fortes du moyen-âge, avec les portes de ses anciens remparts, et est dominée par les ruines du château de Maillargues où le duc de Mercœur vint terminer après la conversion et le sacre de Henri IV sa batailleuse existence, que le 21 février 1835, naquit Raymond Fleuret, ce saint prêtre, dont, poussé par l'affection et la reconnaissance, je me propose de redire la biographie. Sa famille comptait parmi les plus honorables et les plus chrétiennes de la contrée. Sa position de fortune, sans être brillante, était aisée. Comme beaucoup de ses compatriotes, son père, Joseph Fleuret, dans le but d'améliorer encore cette situation et de se procurer le moyen de pourvoir largement à l'éducation de ses enfants, se transporta à Paris avec sa femme et y établit un modeste commerce de nouveautés au quartier St-Antoine. Comme nous l'avons fait remarquer pour la plupart des Auvergnats émigrés dans la grande ville, ses pensées revenaient sans cesse aux montagnes du Cantal, dans ce hameau de Maillargues, dans la maison de famille ; tout ce qu'il parvenait à mettre de côté, il l'employait à arrondir le domaine de là-bas. Toutes les fois qu'il en trouvait la possibilité, il venait renouveler sa provision d'air natal et rentrait avec bonheur en famille dans cette maison, où celui dont nous entreprenons de redire l'existence avait vu le jour, avait passé son enfance et qui fut toujours chère à son cœur. Sous l'âtre aux vastes dimensions, le petit Raymond, tout pétillant de gaieté et d'intelligence, retrouvait alors avec une prédilection spéciale sa vieille grand'mère maternelle, qui réchauffait aux pétillements du foyer ses membres glacés par l'âge; au milieu des jeunes, elle était le témoin vénérable des traditions de foi et d'honneur de la famille ; l'enfant écoutait avec une attention émue les légendes du passé et le récit des événements dont elle avait été pendant les heures tragiques de la Grande Révolution le témoin ou l'acteur, à Lauric, près de Lugarde, sa paroisse natale. Elle racontait sa première communion à minuit dans une étable, où le prêtre réfractaire était venu, en se cachant, célébrer les saints mystères. Les prêtres fidèles trouvaient dans cette maison, malgré tous les dangers qui les menaçaient, un asile où ils étaient accueillis avec joie et respect et où ils se savaient à l'abri. Je ne sais quel reflet de ces temps terribles entourait cette vénérable aïeule, qui avait appris de si bonne heure à connaître la bonté de Jésus, la haine de ses ennemis et les grandeurs de cette foi pour laquelle le chrétien doit être prêt à sacrifier sa vie. Aussi le petit Raymond, la joie du foyer, avait pour sa grand'mère un attachement tout particulier. Au retour de ses courses sur la montagne, il venait s'asseoir auprès d'elle, lui faisait raconter ses souvenirs et apprenait d'elle cet attachement invincible à la foi qui devait être une des caractéristiques de sa vie. L'aïeule avait une prédilection de grand'mère pour son cher Raymond ; ses parents sentaient que cet enfant si intelligent, si affectueux et si pieux promettait d'être dans l'avenir la gloire de la famille.

Quelques années plus tard, Raymond avait épuisé tout ce que le bon curé d'Allanche lui donnait dans ses catéchismes de science sacrée et tout ce que le magister pouvait lui apprendre de science profane. Il avait fait avec foi et ferveur sa première communion. Dès lors, une nouvelle existence va s'ouvrir pour lui : bien que la pudeur de son âge l'empêche de prendre le public comme confident des aspirations de son âme, en recevant l'hostie sainte dans son cœur, il entendit le mystérieux appel du Sauveur et sentit combien grands sont l'honneur et le bonheur de la créature quand il lui est permis de monter à l'autel pour y consacrer Jésus et le donner à ses frères : c'est l'avenir qui par degrés se dévoile : la vie se transforme. De pieux enfant qu'il était auparavant, Raymond devint fervent. C'est l'éclosion de l'avenir sacerdotal. Témoins édifiés des progrès incessants de leur fils dans les vertus, ses parents ont vite compris qu'il est destiné par la Providence à quelque chose de plus grand qu'à cultiver et gérer le domaine familial. En conséquence ils conclurent que Raymond, qui a déjà épuisé et emmagasiné tout ce que Allanche peut lui offrir de savoir, doit commencer sans retard ses études classiques en vue de l'avenir dont la perspective se précise tous les jours davantage. Après une station de quelques mois dans l'institution Aguttes, à Murat, que les Fleuret ont choisie pour que leur cher enfant s'initie à ses nouvelles études et qu'eux-mêmes puissent s'habituer à la pensée de la séparation plus complète, Raymond est présenté et admis au Petit Séminaire de St-Flour. Cet établissement avait alors à sa tête un homme d'une grande vertu, M. l'abbé Bec, qui joignait à une grande austérité personnelle, une incontestable valeur littéraire. Grâce à lui, le Petit Séminaire de St-Flour fut placé au premier rang des maisons d'éducation de la contrée. C'est là que Raymond Fleuret puisa cette puissante formation littéraire et classique qu'il devait si bien utiliser dans la suite. Mais la plus grande faveur qu'il reçut de la Providence dans cette période de sa vie fut d'être placé sous la direction de M. l'abbé Tridot, préfet de religion au Petit Séminaire. Ce saint prêtre, chargé du recrutement du clergé, était doué d'un admirable discernement pour promouvoir, encourager ou éloigner les vocations qui se présentaient à lui. Il ne fallut pas longtemps à ce vénérable scrutateur d'âmes pour discerner, au milieu des aspirations et des hésitations de l'adolescent, les caractères d'une suréminente vocation ecclésiastique. Au bout d'une courte période d'étude et de prière, il put sans hésitation déclarer à Raymond Fleuret qu'il était véritablement choisi par Dieu pour l'honneur du sacerdoce et que, sans présomption et avec obéissance et confiance, il pouvait et devait lever ses regards vers l'autel où il était appelé pour la plus grande gloire de Dieu et le bien des âmes. Désormais les hésitations disparaissent et la vie se trouve définitivement orientée. M. l'abbé Fleuret parlera toujours de ce directeur, qui eut une si grande influence sur sa vie, avec une vénération et une reconnaissance émue.

Dès que Raymond eut brillamment et avec succès terminé ses études secondaires, sa famille était trop chrétienne pour opposer quelque obstacle à une vocation qu'elle considérait comme un honneur et une faveur de la Providence; elle s'empressa donc et obtint sans difficulté l'admission du jeune clerc au grand Séminaire de St-Flour.

Le grand Séminaire? Pour tout prêtre, c'est un souvenir qui illumine la vie entière. Du reste, dans toutes les carrières, l'établissement où l'on s'est formé, qui a été le but des désirs, des rêves d'avenir, des études de toute la jeunesse, joue un grand rôle; on peut comprendre les sentiments des ecclésiastiques qui sont entrés, à la fleur de l'âge, dans ce vénérable établissement et qui, après quelques années de studieuses préparations et de surnaturel recueillement, en sont sortis avec leur sublime caractère de prêtres, c'est-à-dire d'hommes pouvant dire la messe, en réaliser les mystérieuses merveilles, consacrant leur vie à recevoir et à donner Jésus-Christ. Les vues, les ambitions humaines qui pourraient plus tard se produire dans un cœur de prêtre, ne sont pas connues dans ces maisons où les clercs ne voient que le côté surnaturel et divin de la vie à laquelle ils aspirent et où rien ne vient les détourner de leurs sérieuses études et des pieux exercices de leur règlement. Tel était, en tout cas, l'état d'âme de Raymond Fleuret et les dispositions qui l'animaient quand il dit adieu à sa famille et entra définitivement dans la sainte milice.

Malgré les sentiments chrétiens de la famille Fleuret qui savait apprécier à sa juste valeur le bonheur et l'honneur de donner un prêtre à l'Eglise, elle n'en ressentit pas moins par ce départ une profonde commotion.

Le sacrifice, si chrétiennement accepté et offert qu'il pût être, n'en était pas moins un sacrifice avec ses douleurs et ses mérites. Malgré sa jeunesse, Raymond jouait un rôle notable dans la famille et était l'objet de la tendresse et de la confiance de tous. Aussi ce ne fut pas sans un vif serrement de cœur que son père et sa mère l'embrassèrent quand il quitta leur domicile du quartier St-Antoine pour reprendre, tout seul cette fois-ci, la route du Cantal et se diriger vers St-Flour. Cette épreuve ne devait pas être la dernière et fut suivie, dans une période de temps assez rapprochée, d'autres douleurs qui vinrent endeuiller la maison de Maillargues et préparer l'orientation de la vie sacerdotale qui s'ouvrait. Le fils aîné, Pierre, était un jeune homme d'intelligence et de cœur, qui professait pour son frère Raymond une profonde affection ; leur père l'avait chargé de l'exploitation et de la direction du petit domaine familial. En 1858, il avait épousé une jeune fille du voisinage, Marie Chastel, fervente chrétienne, en tout digne de sa nouvelle famille et l'avait établie dans la maison de Maillargues à qui sa présence redonne la vie et la gaîté et semble promettre une succession de jours heureux; mais les bonheurs de la terre s'enfuient bien vite. Trois ans plus tard le 27 mai 1861, Pierre Fleuret était enlevé par une maladie prompte et imprévue à l'affection des siens. La veuve, après avoir renfermé sa douleur dans le cercle restreint de la famille, reçut la grande consolation de Dieu ; elle profita, pour répondre à l'appel d'en haut, de la liberté acquise par ses larmes ; elle dit adieu aux siens et entra au noviciat des sœurs de St-Vincent-de-Paul, de la rue du Bac. Les deux vieillards ne trouvèrent plus dans leur foyer désert que des places vides ; ils s'établirent d'une manière plus définitive dans leur maison de Paris ; ce qui leur procurera dans l'avenir l'avantage et la consolation de vivre avec leur fils bien-aimé, l'abbé Raymond, qui était destiné par la Providence à exercer dans la capitale, pendant la plus grande partie de sa vie, son précieux ministère.

Depuis son entrée au grand séminaire de St-Flour, alors dirigé par les Lazaristes, l'abbé Fleuret suivait avec un succès très brillant les cours de philosophie et de théologie. Le sérieux de son esprit, son zèle et sa supériorité pour les études sacrées, sa piété sérieuse et ardente le plaçaient sans conteste dans la catégorie de ces sujets d'élite, appelés à faire dans l'avenir l'honneur du diocèse. Deux ans plus tard il vint à Paris pour compléter au séminaire de St-Sulpice ses études ecclésiastiques. Ce changement, que la Providence avait préparé pour l'orientation de sa vie, fut, par suite de l'établissement des siens à Paris, accueilli avec satisfaction par les uns et par les autres. Dans ce milieu nouveau qui allait devenir définitivement le sien, il continua ce qu'il avait si bien commencé à St-Flour et on le vit également primer dans ses cours. Les directeurs, ayant remarqué ses facultés exceptionnelles, l'affectèrent à une œuvre, où il excella et qui devint, et resta jusqu'à la fin, son œuvre de prédilection, celle des catéchismes. Sa connaissance approfondie de la doctrine chrétienne, sa parole claire et sympathique le désignèrent pour tenir le premier rang dans le groupe des séminaristes qui, plusieurs fois la semaine, montaient sous les combles de l'église de St-Sulpice pour faire le catéchisme aux enfants des écoles de la paroisse et leur faire du bien, tout en se préparant eux-mêmes au ministère de l'avenir.

Après avoir franchi les divers degrés de la hiérarchie cléricale, l'abbé Fleuret vit arriver, avec la fin de ses études et de sa formation, l'heureux moment de satisfaire les désirs ardents de son âme. Le 18 décembre 1858, il reçut l'onction sacerdotale. Disons-le tout de suite : Sa vie peut se résumer en un mot : depuis son ordination jusqu'à sa mort, il fut un *prêtre* ; prêtre saint par ses vertus et son zèle, prêtre éminent par les fonctions qu'il a remplies et l'influence qu'il a exercée, prêtre digne de servir de modèle à tous.

CHAPITRE II

LES DÉBUTS DU MINISTÈRE

*St-Sulpice -- Cantal — Secrétaire particulier
de Mgr de Pompignac — St-Roch — Aumônier du
Lycée Henri IV.*

CHAPITRE II

LES DÉBUTS DU MINISTÈRE

Immédiatement après son ordination, l'abbé Fleuret se hâta avec ses parents de reprendre la route de Maillargues. S'il s'était fait incorporer au clergé de Paris, son cœur n'avait pas relégué dans l'oubli le cher pays du Cantal ; il avait soif de respirer l'air natal, de revoir ses montagnes, la maison familiale et surtout d'aller célébrer les divins mystères dans ces églises, où il avait si souvent épandu les effusions de son âme et les aspirations surnaturelles de la piété de son enfance. S'il n'a pas oublié, il n'est pas oublié non plus ; partout il est reçu avec une allégresse touchante ; partout d'aimables instances l'obligent à monter en chaire pour dire aux fidèles les ardeurs de sa parole apostolique et les assurances d'une affection que l'éloignement est incapable d'affaiblir. Au milieu de cette joie générale, s'épanouit le bonheur de la vénérable grand'mère, à qui Dieu a concédé la faveur de voir ce jour. De bonne heure, elle a traîné ses membres engourdis jusqu'à la porte d'entrée de la maison de Maillargues. Un moment après, elle a pressé contre son cœur son cher abbé Raymond et a reçu sa bénédiction sacerdotale : le lendemain matin, elle assiste à sa messe et reçoit de ses mains la divine hostie. Désormais elle peut dire son *Nunc dimittis* : rien ne la retient plus sur la terre.

Comme tous les bonheurs d'ici-bas, ce temps de repos et de sainte réunion de famille ne doit pas se prolonger longtemps ; l'autorité diocésaine de Paris, les directeurs du grand séminaire qui connaissent la valeur de ce nouveau prêtre, se hâtent de l'appeler à la sainte besogne et de lui confier un poste à hauteur de son zèle. M. Hamon, curé de St-Sulpice, qui a appris par expérience les mérites de son ancien catéchiste, demande sans retard sa collaboration que le nouveau prêtre avait facilitée par son affiliation à la congrégation des Sulpiciens. Sa requête est agréée sans difficulté et quelques jours après, le 20 février 1856, M. l'abbé Fleuret peut inaugurer, comme vicaire dans l'importante paroisse de St-Sulpice, son ministère des âmes. Le terrain que, dès le début, on offre à son zèle, il le connaît déjà en partie par ses catéchismes du séminaire. Ses nouvelles fonctions ne sont en réalité que la continuation et le développement de ce qu'il a fait dans le passé : catéchismes, patronages, œuvres de jeunesse, qui viennent s'encadrer dans les occupations quotidiennes du jeune vicaire ; à tous ces travaux, il s'adonne avec un merveilleux entrain et un incontestable succès. Son zèle ardent pour la gloire de Dieu et le bien des âmes lui fait aborder, sans songer à ménager ses forces, toutes les charges de son ministère et toutes les missions supplémentaires dont il ne refuse jamais le surcroît. La manière claire, simple et élégante de son exposition de la doctrine chrétienne, soit dans ses prônes, soit dans ses catéchismes, qu'il préparait toujours avec grand soin, comme, par respect pour la parole de Dieu, il continuera à faire jusqu'à la fin, ne tarde pas à lui attirer une certaine réputation. De nombreux pénitents se pressent autour du confessionnal de ce jeune vicaire qui parle si bien de Dieu et sait si bien le faire aimer. Mais les fatigues d'un ministère, déjà si chargé, ne tardent pas à avoir raison de ce prêtre qui se dépense avec tant de zèle au service de Dieu, mais qui ne retrouve plus dans l'atmosphère parisienne les vivifiantes et réconfortantes influences de l'air du Cantal. Après une lutte énergique contre la faiblesse envahissante, il doit s'avouer vaincu et recourir au médecin, qui, effrayé des progrès de l'anémie, ordonne le repos absolu et un séjour plus ou moins long dans les montagnes de l'Auvergne. Ici, comme toujours, nous pouvons admirer la sagesse des dispositions de la Providence qui se plaît à ménager, par les événements de l'existence de chaque homme, les préparations aux missions qui lui sont réservées pour plus tard. Pour l'abbé Fleuret qui était appelé à faire beaucoup de bien à Paris et dans le Cantal, il était nécessaire qu'à la connaissance des hommes et des œuvres procurée par son ministère parisien, vînt se joindre celle de son diocèse d'origine, où il a tant d'influence heureuse à exercer. Le séjour que sa santé l'obligea à faire dans ses montagnes et les fonctions qu'on lui confia pendant ce temps lui permirent cette préparation à une action future.

Au bout de peu de temps, la cure d'air du pays et sa robuste constitution sont venues à bout de le rétablir dans sa situation normale. Pendant ce temps, son âme sacerdotale brûle du désir de sortir de son inaction forcée et de reprendre le labeur interrompu. Dans ce but, il écrit à l'évêque de St-Flour, Mgr de Pompignac, pour lui exposer la situation et se mettre provisoirement à sa disposition. Le Prélat a entendu parler de l'abbé Fleuret ; les directeurs et les professeurs du petit séminaire dont il fut lui-même le supérieur, lui ont parlé des vertus et des talents de ce sujet d'élite. Aussi la réponse de l'Evêque ne se fait-elle pas attendre; elle demande à l'abbé Fleuret de venir le trouver à l'évêché de St-Flour : l'entrevue ne fait que le confirmer dans son dessein de s'attacher, le plus de temps qu'il le pourra, un sujet de cette valeur et a pour conséquence la nomination de l'abbé Fleuret aux fonctions de secrétaire particulier de Sa Grandeur, le 15 octobre 1863. Immédiatement le nouveau secrétaire transporte son modeste bagage à l'évêché et s'y installe, en commençant avec zèle et intelligence ses fonctions. Sa nouvelle résidence et ses fonctions présentent pour lui de grands charmes sous l'autorité douce, aimable et paternelle de Mgr de Pompignac, qui, dans les différentes situations qu'il a occupées jusqu'à ce jour, et notamment comme supérieur du petit séminaire de St-Flour s'est acquis une réputation de charité et de mansuétude que certains se permettent de taxer d'excessives. Quoi qu'il en soit, les rapports entre le prélat et son secrétaire particulier se maintiennent, pendant toute leur durée, empreints d'une cordialité et d'une affection réciproques.

C'est alors que l'abbé Fleuret inaugure cette longue série de retraites qu'il vient prêcher, tous les ans, à la Visitation d'Aurillac, soit pendant son séjour à St-Flour, soit depuis sa rentrée à Paris et qui produisirent tant de bien. Pendant dix-neuf années consécutives, la foule des âmes pieuses ne se lasse pas de se grouper aux pieds de cette chaire et de recueillir avec avidité cette parole simple, élégante et apostolique qui jadis leur faisait tant de bien et qu'elles n'ont pas oubliée. Voyant le bien que son secrétaire fait par ses sermons, Monseigneur lui confie certaines communautés religieuses du diocèse, auxquelles M. l'abbé Fleuret donna de tout cœur les dévouements de sa direction spirituelle et les secours de sa sollicitude paternelle. Parmi ces communautés, citons le couvent St-Joseph du faubourg dont nous aurons plus d'une fois l'occasion de parler dans la suite.

Malgré les douceurs de sa résidence à St-

Flour, de ses rapports avec Mgr de Pompignac, malgré le plaisir naturel qu'il éprouvait à contempler les pittoresques paysages du Cantal, à escalader ses pentes abruptes, à respirer son air vif et pur, l'abbé Fleuret sent tous les jours davantage que son séjour à l'évêché ne peut être qu'une halte temporaire et que c'est ailleurs qu'il doit porter ses perspectives d'avenir. L'essai qu'il a fait du ministère et des œuvres dans la capitale l'a convaincu que c'est bien là que le Bon Dieu l'appelle, que c'est bien dans cette vigne sans limites qu'il doit consacrer sa vie. Là plus qu'ailleurs se réalise la parole du Sauveur : « La moisson est immense, mais les ouvriers peu nombreux. » A la pensée de cette ville où il y a tant de mal à combattre et tant de bien à réaliser, les ardeurs de son âme sacerdotale s'enflamment et ne laissent plus de place à l'hésitation. Aux pieds de son crucifix, sa résolution est arrêtée : il ira reprendre dans les rangs du clergé parisien, auquel il appartient, l'effort qu'il a dû suspendre mais qu'il veut continuer.

L'ouverture qu'il fait de ses désirs à son Evêque ne laisse pas que de causer à ce dernier une douloureuse surprise ; le Prélat s'était flatté que le provisoire se prolongerait encore. Mais il est trop bien le serviteur de son divin Maître pour ne pas conclure que la plus grande gloire de Dieu est conforme à la requête de l'abbé Fleuret. En conséquence, Mgr de Pompignac écrit à l'archevêque de Paris que la santé de l'ancien vicaire s'étant rétablie, il vient, sur la demande de ce dernier et malgré son regret de se séparer de son cher secrétaire particulier, solliciter sa réintégration dans le clergé parisien. Comme conclusion à cet entretien, Mgr de Pompignac dit à l'abbé Fleuret : « Si je n'écoutais que mon cœur, vous ne partiriez pas ! » Il ne le laisse s'éloigner qu'après lui avoir fait promettre de rester toujours à Paris le représentant fidèle et dévoué de Saint-Flour. La suite de cette étude nous prouvera jusqu'à quel point il se conforma à cette promesse.

Dès sa rentrée à Paris, l'abbé Fleuret est nommé vicaire à Saint-Roch, le 1er mai 1867.

A cette époque, cette paroisse était une des plus importantes de la capitale, soit par le nombre, soit par la position sociale de ses habitants. Groupée autour des Palais du Louvre et des Tuileries, elle servait alors de centre à la vie intellectuelle, commerciale, et, jusqu'à un certain point, religieuse de la cité. De grands personnages venaient fixer leur résidence à proximité de la Cour. Le nouveau vicaire ne tarde pas à comprendre l'importance qu'a, en ce quartier, l'apostolat par la chaire chrétienne. Devant ce besoin des âmes et les exigences de la situation, il redouble de soin dans la préparation de ses prônes qu'il écrit complètement et que son impeccable mémoire reproduit fidèlement. Ses sermons sont bien vite remarqués et suivis, et produisent un grand bien dans les âmes. De cette époque, date aussi l'influence qu'il doit exercer par sa direction spirituelle. Certaines consciences d'élite comprennent les trésors de lumières surnaturelles possédés par ce prêtre qui expose avec tant de clarté et d'onction les principes de la vie chrétienne ; elles se confient à sa direction avec un empressement, une constance et une fidélité que ne pourront arrêter ou décourager les changements de situation, l'éloignement des confessionnaux, voire même les hauteurs de Montmartre, quand elles auront à les gravir.

De cette période des débuts de son ministère paroissial, l'abbé Fleuret conserva toujours les plus vivants souvenirs. C'était un charme de l'entendre raconter ses souvenirs sur les personnages notables avec qui il eut des relations ou sur les événements dans lesquels il intervint comme témoin ou comme acteur.

Non loin de l'église Saint-Roch, s'élève le Palais Royal à qui le séjour du Régent sous l'ancien régime et quelques journées tumultueuses de la Révolution ont laissé un triste renom. Alors il est affecté à la résidence somptueuse du prince Jérôme Napoléon et cette nouvelle destination n'a rien pour effacer les souvenirs des périodes précédentes. Ce personnage sceptique, jouisseur, dévoré d'ambitions, depuis que l'accès du trône lui était barré par la naissance du Prince Impérial, s'est constitué en face de son cousin, l'Empereur Napoléon III, le chef de l'opposition républicaine et anti-religieuse. Dénué de principes et de sens moral, par ses intrigues et son influence, il constitue un danger pour le présent et une menace pour l'avenir. Ce n'était certes pas de sa personne ou des gens de son entourage que pouvaient venir les relations entre le Palais Royal et la paroisse de Saint-Roch. Cependant, vers cette époque, la politique et les avantages de l'alliance avec l'Italie firent engager des démarches diplomatiques, dont la conclusion fut le mariage du prince Jérôme avec la princesse Clotilde de Savoie, fille de Victor-Emmanuel. Cette princesse, animée d'une piété très ardente, dut se soumettre, en véritable victime, à une union que, si elle avait été libre, elle eût repoussée avec énergie. Les fêtes du mariage avaient été pompeusement célébrées en Italie et la Princesse vint prendre possession du Palais Royal, auquel sa présence allait donner un nouvel aspect. Les intérêts engagés avaient trop d'importance pour que l'Empire ne mît pas tout en œuvre pour faire oublier le passé du Prince et rendre le séjour au Palais Royal le plus agréable possible à la princesse Clotilde. Le cœur de cette dernière eut bien vite découvert une lacune dans les somptueux appartements qui lui étaient destinés ; c'était celle de la chapelle où elle pût avoir la possibilité de faire célébrer les offices religieux et d'aller chercher auprès du grand Consolateur les forces pour les épreuves qui ne sauraient manquer à son avenir. Ce détail insignifiant aux yeux de beaucoup d'habitants du Palais Royal ne le fut pas à ceux de la Princesse qui en exprima son étonnement et ses regrets. Tous les membres de la famille ou de l'entourage du prince Jérôme se mirent à réparer l'oubli avec une hâte et une bonne volonté, que n'égalait pas leur compétence en pareille matière. On fut obligé de demander à la sacristie de Saint-Roch des renseignements qui dans la circonstance étaient indispensables. Les propositions les plus anormales, liturgiquement parlant, furent mises en avant, pour organiser un culte religieux dans le Palais Royal qui n'y était guère habitué. Un appartement fut transformé en chapelle avec le mobilier nécessaire et un aumônier nommé pour venir dire la messe aux jours de fêtes concordataires. Cette concession, arrachée avec peine au Prince, ne pouvait guère suffire à la ferveur de son épouse. Aussi, peu de temps après, vit-on cette dernière abandonner la chapelle bien somptueuse, mais bien froidement concordataire du Palais pour se transporter, dans un très modeste appareil, à la chapelle voisine des Sœurs de charité de la paroisse ; mêlée à ces saintes et humbles filles, elle assistait à la messe matinale et recevait, avec elles, le pain divin, force pour les labeurs et les douleurs de chaque jour.

Ces scènes d'un intérieur princier n'étaient pas les seules dont M. l'abbé Fleuret aimait à rappeler le souvenir et à dire les détails avec une humour charmante que les années n'avaient pu atténuer. Dans les dépendances de l'église St-Roch, se trouvait une vaste salle qui avait été désignée par l'autorité diocésaine pour les réunions mensuelles des *cas de conscience*. Le clergé parisien était convoqué à ces réunions pour étudier, discuter certains cas de morale désignés par l'archevêque et exposés dans des rapports soigneusement préparés à l'avance. Ces réunions, qui avaient grand renom et influence notable sur la mentalité et les doctrines du clergé, revêtaient une importance particulière à une époque où les questions n'étaient pas encore toutes résolues par les décisions des conciles et où les vieilles théories jansénistes et gallicanes cherchaient à maintenir leur prééminence dans une partie du clergé, tandis qu'une autre partie de ce même clergé, plus pénétrée des doctrines séculaires de l'Eglise, proclamait les droits de Dieu au dessus de ceux de César et à l'abri de toute usurpation de l'Etat. M. l'abbé Fleuret faisait partie de cette dernière école, et, depuis sa formation théologique, figurait parmi les tenants militants et irréductibles de la vérité entière, telle que l'ont proclamée depuis lors les actes du Saint-Siège et les décisions du concile du Vatican. C'était avec l'intérêt de témoin ou d'acteur qu'il racontait ces luttes théologiques de la salle des cas de conscience de Saint-Roch, les thèses que soutenaient avec science et indépendance les défenseurs de la vérité et de la liberté de l'Eglise malgré l'opposition acharnée de leurs adversaires, sans se laisser effrayer par le mécontentement et les menaces à peine déguisées de certaines autorités, soit ecclésiastiques, soit civiles. M. Fleuret ne parlait pas du rôle qu'il avait joué lui-même dans ces tournois théologiques ; mais les rapports très intimes qu'il entretint avec les plus valeureux et les plus fermes champions de la thèse ultramontaine, permettent de supposer non seulement l'intérêt que lui inspiraient ces discussions, mais la part qu'il y prenait lui-même. Ainsi donc, contrairement à l'obligation où se trouvèrent réduits dans la suite certains des combattants des controverses des anciens jours, d'abandonner leurs opinions d'alors, M. l'abbé Fleuret n'eut pas à modifier ses convictions que l'âge ne fit que fortifier et qui devinrent une des caractéristiques prédominantes de sa vie, comme nous le verrons dans la suite.

A la fin de l'Empire se poursuivait avec acuité la lutte séculaire, entre l'Etat et l'Eglise, entre l'omnipotence de l'un, entendant asservir à son joug les intelligences et les âmes, malgré la loi de 1850, qui avait été faite pour endiguer ses empiètements, et l'inébranlable résistance de l'autre ne voulant pas abandonner la mission à elle confiée. Si le Concordat, dont on n'osait pas encore se débarrasser par une rupture criminelle, empêchait alors la lutte de prendre les caractères de banditisme violent qu'elle a revêtus depuis ce temps, l'Etat usait de tous ses moyens pour saper l'action de l'Eglise dans les établissements universitaires et réduire ses ministres à l'impuissance ou à une coupable neutralité. A cette époque, la laïcisation, qui devait triompher officiellement dans la suite et étendre ses ravages sur tous les organes de la vie nationale, n'était encore qu'à l'état de préparation. Les fonctions et certaines des immunités ecclésiastiques avaient réussi à se maintenir par la loi et l'offensive ennemie devait se contenter d'une guerre de sape pour ébranler la foi dans les âmes des enfants afin de les plier plus tard sous sa tyrannie démoralisatrice. Dans ce travail souterrain, les maisons de l'enseignement officiel devenaient des forteresses où les ennemis du Christ travaillaient à s'infiltrer, puisque la législation ne leur permettait pas encore d'occuper la place et n'avait pas encore chassé officiellement Dieu de l'école. Les lycées avaient encore leurs aumôniers, leurs cours de Religion, leurs chapelles. Dans cette période, la tactique de l'Université, complice ou instigatrice de l'hostilité officielle, consistait à faire disparaître dans ses lycées et autres maisons d'éducation, grâce à des influences étrangères, celle du prêtre, tout en laissant à ce dernier ses appointements et lui permettant de dire la messe le dimanche dans la chapelle qu'il espérait vider dans peu de temps, grâce à l'insouciance des parents et aux leçons indifférentes ou hostiles des professeurs.

Pour lutter contre les menaces effrayantes d'un avenir prochain, l'Eglise de France ne pouvait se servir que des armes laissées à sa disposition ; sans se faire illusion sur la durée de cette période de transition, elle devait faire des efforts pour retarder le moment néfaste où Dieu serait officiellement banni de ces maisons où se formaient les générations de l'avenir et où les âmes des enfants seraient livrées sans défense au laïcisme envahissant. Pour atteindre ce résultat, le moyen le plus pratique consistait à confier les fonctions d'aumônier dans les grands lycées de Paris à des ecclésiastiques, qui fussent, par leurs facultés et leur zèle, en état et en dispositions de se consacrer à ce sauvetage d'âmes et d'endiguer, au moins pour un temps, le flot d'incrédulité menaçant de tout engloutir. L'abbé Fleuret fut un des premiers sur lesquels l'autorité diocésaine arrêta son choix et dont le cœur sacerdotal ne recula pas devant les difficultés et les amertumes inévitables de la charge. Le 1er avril 1870, il fut nommé aumônier du lycée Henri IV. Il se mit vaillamment à la besogne et ne tarda pas à obtenir des résultats notables et consolants dans cette défense inlassable du troupeau confié à sa garde. Au bout de peu de temps, grâce à ses avances et à l'amabilité de ses rapports, il était venu à bout de l'hostilité et des préventions qui avaient accueilli sa venue; il avait même su conquérir une bienveillante sympathie dans le personnel des proviseurs et professeurs qui entretinrent désormais avec lui des rapports, sinon cordiaux, au moins corrects. Mais parmi les élèves, qui étaient son objectif, il ne tarda pas à conquérir une incontestable influence et, par ses instructions à la chapelle, par ses catéchismes, et surtout par ses entretiens particuliers, à faire un très grand bien à ces âmes. Pour la plupart, ces enfants et ces jeunes gens venaient de familles indifférentes à la religion et avaient été jusqu'à ce moment étrangers à l'étude et à la connaissance des vérités de la foi. L'aumônier mit à défricher ce terrain neuf toute son intelligence et tout son cœur. En présence de cette affection et de ce dévouement, ces jeunes âmes s'ouvrirent. L'abbé Fleuret devint bientôt leur confident et leur ami et exerça sur eux et sur leur avenir la plus salutaire influence. Beaucoup d'entre eux, sortis du collège et engagés dans les différentes carrières, se souviennent avec émotion de leurs rapports avec l'aumônier de Henri IV et saisissent avec plaisir les occasions de les renouer. M. l'abbé Fleuret disait souvent, avec son fin sourire, que, s'il se trouvait en face de grosses difficultés, il aurait la ressource d'aller solliciter la protection, qui ne lui serait certainement pas refusée, de tel grand personnage de l'Etat, qui, au lycée Henri IV, était toujours le premier dans son cours de catéchisme et pratiquait alors avec ferveur et assiduité la religion, s'approchant tous les mois, sans respect humain et à la grande édification de tous, de la Table sainte.

CHAPITRE III

MONTMARTRE

CHAPITRE III

MINISTÈRE PAROISSIAL

MONTMARTRE

Malgré tout le zèle qu'il déployait dans son aumônerie de Henri IV, malgré tout le bien qu'il opérait dans les âmes des élèves, ce n'était pas dans ces fonctions limitées et surveillées par une autorité jalouse, que l'abbé Fleuret pouvait placer le but de sa vie sacerdotale. Aussi ne tarda-t-il pas à faire l'administration diocésaine confidente de ses aspirations et à solliciter d'être déchargé de cette aumônerie pour rentrer dans le clergé paroissial. Se conformant aux désirs exprimés par un prêtre qui venait de donner la mesure de son intelligence, de son savoir et de sa vertu et qui s'était acquis des droits à un avancement notable dans la hiérarchie ecclésiastique l'archevêque de Paris nomma, le 15 octobre 1875, M. l'abbé Fleuret, 1ᵉʳ vicaire de l'importante paroisse de Saint-Pierre de Montmartre.

La paroisse de Saint-Pierre de Montmartre avait à cette époque comme curé l'abbé Berthaux, prêtre énergique, qui avait joué un rôle notable pendant la Commune de 1871. Cette révolte désastreuse et humiliante, qui avait éclaté, après la guerre, sous les yeux des ennemis triomphants et moqueurs, avait Montmartre pour point de départ et centre de direction. C'est là que les autorités civiles du XIᵉ arrondissement, assistèrent, les bras croisés, au crime de soldats tournant contre leurs généraux les fusils dont ils n'avaient plus le courage de se servir contre les Prussiens. C'est là que le sinistre Raoul Rigault tenait ses assises, envoyait à la mort prêtres et soldats, faisait pétroler les monuments et les quartiers réactionnaires et dirigeait les opérations de son gouvernement malfaisant.

Pour s'épargner le crime qu'il ne pouvait éviter, mais dont, malgré l'ivresse de sa dictature, il apercevait la folie et les conséquences désastreuses pour la Commune, de l'assassinat de l'archevêque, il autorisa, s'il ne les suggéra pas, des missions successives d'ecclésiastiques allant traiter avec M. Thiers, chef du gouvernement à Versailles, de l'échange de l'archevêque de Paris, contre le vieux révolutionnaire Blanqui, tombé entre les mains des troupes et détenu dans les prisons françaises. Cette solution était au fond très désirée par les chefs de la Commune qui y voyaient pour leur cause une victoire morale, la reconnaissance de leur révolte par le gouvernement officiel de la France, amené à traiter avec elle, en même temps qu'ils se délivraient de la nécessité, où ils se trouvaient, de fusiller l'archevêque. L'abbé Lagarde, vicaire général de Mgr Darboy, avait accepté cette mission et, muni d'un laisser passer de Raoul Rigaut, il s'était rendu à Versailles auprès de M. Thiers. Ce dernier répondit par un refus absolu à la proposition qui lui était faite. M. Lagarde, après l'échec de sa mission, jugea inutile de rentrer à Paris et de se livrer aux vengeances des communards ; il alla chercher un refuge en province. Après l'échec de cette première tentative, les chefs de la Commune résolurent d'en essayer une nouvelle, et firent proposer cette mission périlleuse au curé de Montmartre que sa situation semblait désigner d'une manière spéciale pour cela. M. Berthaux vit dans la proposition qui lui était faite un danger à courir, mais un devoir à remplir. Il reçut le laisser-passer de Raoul Rigault et promit de rapporter la réponse. Il n'obtint et ne pouvait obtenir que le refus de M. Thiers. Malgré tous les avis des personnes amies qui lui citaient l'exemple de M. Lagarde et lui faisaient ressortir la folie de son retour à Paris, l'abbé Berthaux rentra dans la capitale et vint rapporter à Raoul Rigault la réponse du gouvernement. Il fallait entendre l'abbé Fleuret redisant les incidents de cette scène historique : « Eh bien ! dit le Proconsul, abasourdi de l'audace du curé de Montmartre, que viens-tu faire ici? Ne sais-tu pas que j'ai le pouvoir de te faire fusiller ?

— « Oui, répond crânement le prêtre, vous pouvez me faire fusiller ; mais vous ne pourrez pas dire que j'ai manqué à ma parole ! »

Devant ce prêtre qui ne tremblait pas devant lui et qui reproduisait la grandeur classique de Régulus, Raoul Rigault se sentit désarmé et laissa le curé de Montmartre rentrer librement dans son presbytère.

C'était quatre ans plus tard que M. l'abbé Fleuret se présentait au vieux curé pour le seconder, en qualité de 1er vicaire, dans l'administration et la direction d'une paroisse qui avait été profondément troublée par tous ces événements et qui n'avait pas pu encore recouvrer sa vie normale. Malgré toute la discrétion avec laquelle M. Fleuret parlait des personnages ecclésiastiques, il semble que les rapports entre ce curé à l'âme énergique mais un peu autoritaire et son premier vicaire furent empreints dès le début d'une certaine réserve. Mais, au bout de peu de temps,

M. Berthaux apprécia, à leur juste valeur, le zèle, l'intelligence, l'activité de M. Fleuret; les défiances du début disparurent et firent même place à la confiance la plus absolue : le curé se déchargea sur son premier vicaire de la direction de l'immense paroisse. Quand il sentit ses forces diminuer et sa fin approcher, il fit auprès de l'archevêché des démarches pour faire attribuer sa succession à celui qui dirigeait en fait la paroisse depuis bien des années et qui s'était toujours montré à hauteur de sa tâche : cette requête fut écoutée. Le 21 février 1881, M. l'abbé Fleuret était nommé curé de Montmartre et prenait possession de la vénérable église de Saint-Pierre. Obéissant à un sentiment généreux, délicat, ce fut le vicaire général, M. Lagarde, qui présida la cérémonie de l'installation et en profita pour rappeler les incidents auxquels lui et M. l'abbé Berthaux avaient été mêlés et rendre à l'héroïsme de ce dernier un solennel et public hommage.

Le nouveau curé, en présence de l'effrayante responsabilité qui pesait maintenant tout entière sur ses épaules, se mit à contempler la situation morale et matérielle de la paroisse et à chercher les moyens de la guérir de ses maux et de la délivrer de ces crises révolutionnaires qui la saisissaient comme autant de spasmes, menaçant la société et détachant les âmes de la Religion.

Montmartre ! La montagne des martyrs, le berceau de la Lutèce chrétienne, terre arrosée par le sang de saint Denys et de ses compagnons et destinée à devenir, par le Sacré-Cœur, le centre de la ville régénérée et rendue à sa foi. Cette paroisse constituait alors une immense agglomération d'une population généralement assez misérable, venue de tous les points de la France, où le Cantal était largement représenté : quartier hybride où les bruyants et étincelants lieux de réunion du vice triomphant et doré voisinent avec les mansardes des pauvres et où, chez ces derniers, dénués des secours de la foi contre les exaspérations de la misère, ce voisinage irritant accumule des flots de haine et de révolte contre la Société.

Il y avait donc dans la paroisse où M. Fleuret était appelé à exercer son zèle immensément de bien à faire, immensément de mal à combattre et à guérir. C'est aussi sur ce terrain particulièrement indiqué pour cela qu'il va faire son apprentissage de la charité, cette vertu qui sera la caractéristique de sa vie sacerdotale, aussi bien dans les ruelles déshéritées de Montmartre que dans les opulents quartiers de Saint-Philippe du Roule.

Comme il ne peut disposer que de ressources tout à fait disproportionnées avec les besoins de ses *miséreux*, l'abbé Fleuret se fait quêteur et profite de ses relations avec l'extérieur pour se procurer les ressources réclamées par les misères de Montmartre, comme nous le verrons plus tard à Saint-Philippe demander aux quartiers les plus indigents des pauvres qu'il avait soif de secourir et qui ne se trouvaient pas autour de lui. Si la misère matérielle était grande sur les hauteurs de Montmartre, la misère morale l'était encore davantage. Dès l'abord, son âme de prêtre contempla la tâche à accomplir et, comptant sur les secours d'en haut, ne s'en laissa pas effrayer. Il se mit à l'œuvre avec toute l'énergie et l'abnégation de son cœur. Malgré tous ses efforts, il ne tarda pas à se sentir débordé; tant de mères venaient à la porte de son presbytère pour leurs enfants grelottant la fièvre ou criant la faim qu'il ne voulait renvoyer et qu'il était impuissant à secourir. Surtout son cœur était douloureusement angoissé quand, en dehors de son église et de son presbytère, il se sentait entouré de l'indifférence ou même de la haine de cette population qu'il aimait tant et pour laquelle il s'imposait tant de privations; quand, dans les ruelles étroites de la colline, les hommes, secourus la veille, feignaient de ne pas l'apercevoir, pour n'avoir pas à lui rendre son salut paternel. Avec tristesse et évidence, il concluait que toutes les ardeurs de sa charité seraient impuissantes à venir à bout de cette lâche hostilité. Heureusement la Sainte Eglise de Dieu est une mère toujours féconde qui puise dans le réservoir inépuisable de la charité de Jésus-Christ et en fait surgir des institutions nouvelles adaptées aux besoins actuels et propres à subvenir à toutes les misères. Certes les blanches cornettes des Filles de saint Vincent de Paul ont conquis, soit dans les hôpitaux, soit sur les champs de bataille témoins de leur héroïque charité, une popularité qui n'est contestée par personne. Mais des formes nouvelles de la misère humaine exigent des formes nouvelles de la Charité catholique. Les ennemis qu'il s'agit de soulager et de gagner au Christ ne se laissent pas approcher, ils se blottissent dans leurs taudis et n'en sortent que pour aller boire au cabaret l'argent qu'ils ont gagné ou pour hurler dans les clubs leurs cris de haine et de mort. Pour résoudre ces difficultés et accomplir l'œuvre de Dieu malgré ces obstacles, il s'est levé dans l'armée de la Charité un corps d'avant-garde, qui ne se contente pas de porter ses efforts sur le champ de bataille ouvert à tous, mais qui va assaillir l'adversaire qu'il s'agit de conquérir et de convertir, dans son donjon où il se tient emmuré et farouche. Ce rôle est merveilleusement rempli par les Petites Sœurs de l'Assomption, qui, fondées au milieu du xixe siècle, répondent à ces nécessités des misères modernes, et, à force de charité humble et héroïque, forcent toutes les barrières, triomphent de toutes les haines et réalisent leurs surnaturelles conquêtes dans toutes ces agglomérations populaires où jusqu'ici la misère et l'impiété exerçaient, sans conteste, leur empire de mort. Dès que le curé de Montmartre eut connaissance de cet Institut admirable, si approprié aux besoins de l'époque actuelle et aux détresses matérielles et morales de sa population, sa résolution est vite arrêtée ; il se met sans retard à l'œuvre ; grâce à de généreux concours qui ne lui firent jamais défaut, il peut, au bout de peu de temps, ouvrir, dans la partie haute de la paroisse, une maison, où les Petites Sœurs de l'Assomption, les *Sœurs de M. le Curé*, comme on les désignait, commencent, avec un succès admirable, leur campagne quotidienne. Cette maison qui ne devait pas subsister après le départ de M. l'abbé Fleuret, produisit des effets merveilleux pour le bien des âmes. Plus tard M. le curé de Saint-Philippe-du-Roule aimera à rappeler ces souvenirs de son ministère et à raconter avec humour et émotion les traits de vaillance et d'endurance de ces saintes filles, leurs pieuses hardiesses et industries pour s'introduire dans ces taudis, dont le sectarisme haineux leur fermait la porte, mais où les appelaient les malades et le dénuement du reste de la famille. Une fois, c'est la petite Sœur vantant, auprès de l'anarchiste rébarbatif, ses talents culinaires, sa *maestria incomparable* pour les *frites*. Un autre jour, c'est le mari qui revient inopinément au milieu du jour dans la chambre dépenaillée, dans laquelle il croit ne retrouver que le grabat de la *bourgeoise* et *les gosses* et qui mugit de fureur, à la vue de *la ratichonne*, qui, à genoux auprès du lit, prodigue ses soins à *sa femme à lui*; elle a changé ses draps noircis; elle la soigne, la dorlotte, avec les soins d'une fille pour sa mère, sans s'occuper de l'odeur âcre et nauséabonde que répand la malade et qui a éloigné toutes les bonnes volontés ; mais le mari s'arrête dans le débordement de sa fureur, quand il voit la Sœur, sans répondre à ses insultes, dresser la table, disposer les couverts de chacun, le servir comme si elle était sa servante, et lui faire manger un dîner qu'elle vient de préparer et tel qu'il n'en a pas mangé de sa vie. A la vue de toutes ces choses qui le bouleversent, l'anarchiste se tait et se laisse faire ; il y a si longtemps qu'une créature humaine n'a daigné s'occuper de lui ; sans comprendre le motif de ce dévouement, il est touché ; la petite Sœur fait la conquête de ce farouche ennemi de Dieu et finit par l'emmener à M. le curé, qui reçoit avec effusion ce nouveau converti et le presse sur son cœur ; dans l'entretien cordial qui suit, la confession, le vieil anarchiste déclare que, quand il a vu la petite Sœur opérer toutes ses merveilles de charité, en ne recevant pour salaire que les insultes qu'il lui prodiguait, il s'est dit que le Dieu qui peut faire faire de si admirables choses, est le Bon, le vrai Dieu et non l'ennemi qu'il passait sa vie à blasphémer. Quelque temps plus tard le vieux révolutionnaire, devenu le fils de l'Eglise et l'objet des prédilections de M. le Curé, lui confiait : « Et dire que si je vous avais rencontré pendant la Commune, je vous aurais fusillé avec enthousiasme — et aujourd'hui, je vous aime et je vous embrasse ; si quelqu'un voulait vous attaquer, je serais là pour vous défendre ! » Telles étaient les victoires de la Charité de M. le Curé et de ses petites Sœurs.

Les résultats bénis de cette lutte incessante de la charité du Christ contre les trames de Satan furent l'apaisement des hostilités anticléricales et le rapprochement progressif des déshérités, jusque là victimes des sectes maçonniques, de leur curé, de ce père dont le cœur savait si bien compatir à leurs peines et le mieux soulager leur détresse. Aussi la porte de son presbytère était-elle tous les jours encombrée de pauvres qui venaient solliciter sa charité et qu'il ne regardait jamais comme des importuns. Comme toutes les âmes qui se consacrent pour Dieu à une rude besogne, celle de M. Fleuret, après avoir surmonté les répugnances du premier contact, se livrait tout entière à l'affection et au dévouement pour ce pauvre troupeau que le Christ lui avait confié et qu'il voulait conquérir à son maître. Il sentait son cœur profondément attaché à ce quartier misérable et de médiocre renom. A Montmartre, la population ne ressemblait en rien à celles au milieu desquelles il avait eu à agir jusqu'ici à Saint-Sulpice ou à Saint-Roch. Mais il trouvait dans la foule une certaine quantité d'âmes qui ne demandaient qu'à être tirées de leur ignorance, pour s'élever à la connaissance et à l'amour de Dieu. Du long et pénible travail auquel il avait dû se livrer, des résultats consolants avaient été acquis qui réjouissaient son âme; il n'était plus, comme au début, un étranger au milieu de cette population : il était considéré par le plus grand nombre comme un père aimé et vénéré, à qui ils pouvaient s'adresser dans leurs besoins. Il se sentait de Montmartre; il connaissait par leurs noms les membres de ces familles d'ouvriers qui s'entassaient dans le quartier et dont les

enfants remplissaient les ruelles de leurs cris
et de leur joie et couraient lui demander une
médaille, dès qu'ils l'apercevaient. Les hauteurs qu'il lui fallait gravir sur leurs pavés
rudes et inégaux, lui rappelaient les ascensions des montagnes de l'Auvergne et souvent
le patois *de là-bas* venait réjouir ses oreilles
et dessiner un sourire sur ses lèvres. Après
la rude journée de travail, avec quelle joie
venait-il s'asseoir sur le banc rustique du
jardin du presbytère, d'où la vue planait sur
l'immensité de la ville accroupie à ses pieds
et où il donnait le morceau de sucre quotidien
à la blanche chèvre qui venait bondir auprès
de lui, lui rappelant aussi les paysages du
pays !

Avec un saint intérêt, et ne ressentant dans
son cœur aucun des bas sentiments de jalou-
sie et de préoccupations humaines, il voyait,
dans le voisinage immédiat de son église de
Saint-Pierre, s'élever au sommet de la montagne des Martyrs, la basilique du Sacré-
Cœur, œuvre de la *France pénitente et dévouée*, saluait de ses vœux et soutenait de

ses aumônes la construction de ce temple, gage du rétablissement du règne de Dieu et de la vie chrétienne de notre nation.

Son zèle n'admettait pas de relâches et ne connaissait pas d'obstacles quand il s'agissait de subvenir à quelques misères matérielles ou morales de son peuple. Aussi les fondations se multipliaient sans cesse sous son active impulsion sur le sommet de la sainte montagne. Ici ce sont les Sœurs de la Sainte-Famille qui vont soigner les pauvres malades à domicile. Un peu plus loin les écoles s'ouvrent pour recevoir ces légions d'enfants errant dans les rues et leur apprendre à connaître et à aimer Dieu et par là à devenir de bons chrétiens et de braves gens. Au pied de la colline, M. le curé de Montmartre vient apporter à son compatriote et ami M. l'abbé Estien la collaboration de son cœur et de sa bourse, pour la fondation de l'Institut des Sœurs gardes-malades auvergnates qui devait prendre, dans peu de temps, de ses modestes débuts un prompt et fécond développement. Au bout des neuf années qu'elle fut confiée à M. l'abbé Fleuret, la paroisse de Saint-Pierre avait été complètement transfigurée et laissait apercevoir les espérances de l'avenir et les influences de la basilique qui s'élevait sur ses fondements gigantesques.

CHAPITRE IV

SAINT-PHILIPPE DU ROULE

CHAPITRE IV

SAINT-PHILIPPE DU ROULE

Dans les premiers jours de l'année 1890, M. l'abbé Fleuret reçut de Mgr Caron, archidiacre de Notre-Dame, l'invitation de venir le trouver à l'archevêché pour une communication importante. Elle était, certes, importante et surtout bien imprévue par l'intéressé la communication qu'avait à faire le Vicaire Général au curé de Montmartre ; il avait, en effet, à notifier à ce dernier que, en raison des services rendus et du zèle déployé, le cardinal Richard l'enlevait aux hauteurs et aux pauvretés de Saint-Pierre de Montmartre pour lui confier l'importante et opulente paroisse de Saint-Philippe du Roule. Certes, entre ces deux postes ecclésiastiques, un contraste saisissant se dressait : d'un côté, la misère matérielle et morale poussée à l'extrême ; pour une partie de la population, les haines invétérées, l'éloignement hostile de la Religion, un vrai pays de mission où le cœur du prêtre avait pu recueillir, avec le souvenir des luttes soutenues, celui des efforts de la charité, des résultats déjà obtenus, dans ce troupeau d'âmes arrachées au démon et conquises pour Dieu. De l'autre côté, la paroisse de Saint-Philippe du Roule, réputée une des meilleures de la capitale, groupait ses splendides demeures dans des rues et des boulevards habités par des familles aussi riches que d'un rang social élevé ; à proximité des Champs-Elysées et des quartiers les plus brillants, la population s'y augmentait tous les jours ; un grand nombre de familles de l'ancienne aristocratie abandonnaient les sévères majestés du faubourg Saint-Germain pour le confort moderne et la vie plus brillante des quartiers de Monceau, de Saint-Honoré et de l'Etoile ; la noblesse de l'Empire s'était groupée nombreuse autour de l'Elysée. Enfin de notables colonies d'étrangers, Anglais, Espagnols, Russes, Américains, attirés par le charme irrésistible de Paris, venaient y dresser leurs tentes, c'est-à-dire se fixer dans ces quartiers privilégiés. Malgré la diversité de ses origines, l'ensemble de cette population se distinguait par une attitude très respectable ; une notable portion apportait à l'Eglise l'appui de son influence, la coopération de ses bourses et l'édification de ses exemples.

Devant la communication qui lui était faite et qui, au point de vue humain, était si flatteuse, M. l'abbé Fleuret n'avait qu'à s'incliner : il était trop plein de foi pour ne pas voir dans les décisions de ses supérieurs l'expression de la volonté de Dieu. Il n'hésita donc pas et se borna à exprimer en termes discrets son humilité et sa reconnaissance. Mais il ne put empêcher un vif et réel sentiment de regret de lui serrer le cœur à la pensée de descendre de la montagne de Montmartre, de quitter cette pauvre paroisse de Saint-Pierre qu'il avait régie pendant neuf ans, où il avait tant peiné et réalisé tant de bien.

Le 24 février 1890, il était installé dans sa nouvelle paroisse. Depuis ce jour-là il est et restera jusqu'à la fin de sa vie, le curé de Saint-Philippe ; c'est sous ce titre qu'il est surtout connu de ses contemporains ; dans ces fonctions, auxquelles la Providence lui permit de consacrer la plus grande partie de son existence, il donna la mesure de sa personnalité et son action leur imprima un caractère très saillant et ineffaçable. Certainement, par suite du zèle de ses prédécesseurs et des sentiments traditionnels d'un grand nombre des familles qui y avaient établi leur domicile, la paroisse de St-Philippe du Roule était depuis longtemps réputée comme une des plus catholiques de la capitale.

Contrairement à ce qu'il avait eu à faire à Montmartre, dans sa nouvelle paroisse, M. Fleuret n'avait plus qu'à conserver et à amplifier le bien. A cette mission qui, en ses mains, ne devint pas une sinécure, il consacra toutes les facultés de son esprit, toutes les ardeurs de son âme sacerdotale. Ce ministère calme et fécond, où tous les jours le pasteur avait la consolation d'apporter sa gerbe de fruits recueillis pour la gloire de Dieu et le bien des âmes, peut représenter le cours à travers des plaines fertiles et verdoyantes d'un fleuve dont les eaux calmes et claires vont apporter leur joie et leur fécondité sans qu'un obstacle ou le rocher détaché de la montagne vienne en troubler la riante surface. Cette remarque s'applique surtout à la première période de ce ministère, alors qu'aucune guerre n'avait été encore officiellement déclarée à l'Eglise et que les obstacles de l'avenir ne se dressaient pas encore devant les efforts de son zèle ; travaillant pour Dieu, l'excellent curé croyait n'avoir pas le droit de s'endormir dans les douceurs de la paix ; comme le patriarche Joseph, il profitait de l'abondance des années de fertilité et se constituait des réserves pour un avenir moins calme et moins prospère.

Dans cette période de calme où nous ne

rencontrons que peu de choses à signaler, nous n'avons qu'à suivre M. Fleuret dans sa vie édifiante et invariablement régulière ; le matin, après sa messe de huit heures et son action de grâces, il s'enferme dans son confessionnal où de nombreuses pénitentes l'attendent et où il exerce son remarquable et fécond ministère de directeur d'âmes. Ce troupeau d'âmes ferventes qu'il dirige dans les voies de la perfection et sur le terrain des œuvres, le retient à l'église une grande partie de la matinée. Alors il remonte dans son austère et calme bureau où il travaille, prie et reçoit les nombreux paroissiens qui, attirés par ses vertus, son affabilité, la droiture de son jugement, viennent lui confier leurs peines et demander ses conseils. Tous ceux qui ont eu le bonheur d'être admis dans l'intimité de M. le curé de Saint-Philippe se rappellent avec plaisir et émotion cette salle si calme, si ecclésiastique, cette table de travail surchargée de livres et de papiers, et dominée par le crucifix ; ils ont gardé le souvenir des conversations sérieuses ou enjouées qui s'y sont tenues, des conseils reçus. Qu'on s'y sentait près du Bon Dieu ! En vérité, malgré les arbres du jardin qui sépare le presbytère de l'église, cette salle de travail et de réception avait l'air de faire partie de cette dernière. Mais St-Philippe n'est pas Ars, ni même Montmartre : un autre genre d'occupation va succéder à celles de la matinée. Après son modeste et rapide repas, M. Fleuret reprend le cours de son ministère extérieur. A la sortie des réunions d'œuvres de la paroisse, ou bien de celles de l'archevêché, réunions qu'il doit présider ou auxquelles il doit porter son concours, le voilà armé de sa canne et, malgré les obstacles que, dans les derniers temps, les douleurs opposent à sa marche, il fait sa tournée de visites curiales dans les divers quartiers de sa paroisse. Comme nous l'avons déjà dit, la majorité de la population confiée à son zèle se composait d'éléments aristocratiques et intellectuels, dont le commerce exige un grand savoir-vivre et une grande délicatesse de procédés. Dans ces milieux, M. l'abbé Fleuret avait bien vite conquis les plus respectueuses sympathies ; partout il était reçu avec le plus grand empressement et la plus sincère vénération; dans tous ces brillants salons, ce fils des montagnes de l'Auvergne tenait admirablement sa place, ne se départant jamais de sa souriante dignité de prêtre de Jésus-Christ. Partout on aurait désiré recevoir ses visites plus fréquentes et plus intimes ; mais, malgré sa paternelle bonté, il ne faisait que passer dans le monde, en faisant le bien et refusait aimablement, mais inexorablement, toutes les invitations qui n'avaient pas pour but immédiat la gloire de Dieu et le bien des âmes. Restreintes à ces proportions, les relations sociales furent entre les mains de M. l'abbé Fleuret un moyen puissant pour le bien et les œuvres de la paroisse. Dans la plus grande partie des familles, il était considéré comme un père dont les générations successives avaient appris à vénérer l'autorité, à aimer la bonté, à solliciter la direction. Sur ce terrain de choix qu'était la paroisse de St-Philippe du Roule, et avec un pasteur tel que M. l'abbé Fleuret, le bien existant déjà ne pouvait que croître et se solidifier. Pour réaliser ces progrès qui, tous les jours, se manifestaient par la piété et la ferveur des âmes chrétiennes, par la rentrée au bercail de quelques brebis égarées, M. le curé ne connaissait ni trêve, ni repos. Sans se contenter de l'action personnelle qu'il exerçait, soit au confessionnal par sa direction si sûre, si éclairée, soit en chaire par ses prônes et ses instructions toujours pleines de doctrine et de piété et toujours préparées avec soin, il employait tous ses efforts à faire partager le zèle dont son âme était enflammée par ses vicaires, qu'il considérait comme ses enfants et qu'il voulait entraîner à sa suite, par ses exhortations et par ses exemples, à la conquête des âmes. Comprenant combien les œuvres et les associations pieuses sont des moyens utiles et même indispensables pour préparer et confirmer les efforts apostoliques des serviteurs de Dieu, il les multiplia dans sa paroisse, favorisant et amplifiant celles qui existaient déjà et en créant de nouvelles : ouvroirs, patronages, dames de charité, conférences de Saint-Vincent de Paul, dont les membres allaient chercher dans la banlieue parisienne, les pauvres qu'ils désiraient secourir et qui leur faisaient défaut dans leurs riches quartiers. M. le curé portait ses soins vigilants à l'adoration du Saint-Sacrement exposé les premiers vendredis du mois. Toujours il était le premier rendu, revêtu de ses insignes et abîmé dans une fervente prière, aux pieds de la divine hostie, dans le sanctuaire de la chapelle des catéchismes ; il se réservait l'adoration pendant les premières heures de l'après-midi où les fidèles sont plus retenus à leurs domiciles et où les adorateurs sont plus difficiles à recruter ; c'est encore lui qui clôturait la journée par une de ces instructions en l'honneur du Sacré-Cœur dont il s'était réservé le monopole et qui constituaient un vrai régal de piété pour les âmes fidèles. Pour les Carêmes et les Avents, la chaire de Saint-Philippe était une des plus réputées de la capitale ; M. le curé qui connaissait sa population, en savait les goûts et les besoins, ne confiait l'importante mission de la parole divine qu'à des prédicateurs d'une doctrine irréprochable et capables d'instruire et de faire du bien. Sentant le besoin qu'ont les populations de recevoir de loin en loin une action plus énergique, il institua des missions qui devaient se renouveler tous les quatre ans et où des religieux, en général les PP. Rédemptoristes, venaient, par des prédications populaires, réveiller la foi et la pratique religieuse. Frappé par les résultats magnifiques des retraites prêchées à Notre-Dame pendant la semaine sainte, M. le curé de Saint-Philippe résolut de marcher sur ces traces : il organisa des retraites qui étaient prêchées dans la dernière partie du carême, et qui s'adressaient aux hommes. Ces retraites, pour lesquelles il choisit des prédicateurs de renom, eurent un grand succès ; tous les soirs, la vaste église était comble et un bien considérable fut ainsi obtenu. Ces efforts faits pour le bien des classes élevées n'empêchaient pas M. Fleuret d'en faire d'au moins aussi énergiques pour les hommes des classes moyennes, commerçants ou ouvriers, à qui il avait le soin d'adresser par la poste des convocations personnelles aux instructions des retraites ainsi organisées ; ces retraites furent toujours très suivies et très fructueuses.

Sous une impulsion si active, la paroisse de St-Philippe du Roule progressait sans cesse en piété et en générosité. Pour le denier de St-Pierre, pour le denier du culte, pour toutes les œuvres, au nom desquelles M. Fleuret faisait son appel du haut de sa chaire, les produits des quêtes dépassaient toutes les espérances. Ces résultats remplissaient de joie le cœur du pasteur. S'il oubliait de dire la part qui lui revenait dans ces manifestations de la foi et de la charité, et de parler du fond de bourse glissé discrètement avant la cérémonie, il prenait un paternel plaisir à faire remarquer que sa chère paroisse de St-Philippe tenait sur les listes de souscription la première place. C'est ce que l'on put voir pour l'Institut Catholique et pour la fondation de l'hôpital St-Joseph, dont M. l'abbé Fleuret présida pendant un certain temps le Conseil de direction et où deux pavillons furent élevés par les souscriptions et sous les noms de St-Philippe du Roule et du Sacré-Cœur.

Dans cette énumération, nous voici arrêtés par la longueur de la liste : il serait en effet plus court de citer les œuvres qui n'ont pas été puiser à cette source si charitablement et si largement ouverte. Réservant de traiter tout à l'heure les charités que M. Fleuret faisait ou inspirait en dehors de sa paroisse, nous nous bornerons ici à clôturer cette première liste par la mention d'une œuvre qui lui fut bien personnelle et à laquelle il porta, dans les derniers temps de sa vie, un tout spécial intérêt. Il se préoccupa à très juste titre des dangers moraux que couraient dans les rues ou dans les restaurants borgnes où elles sont obligées d'aller chercher leur pâture, les jeunes filles qui, sous le nom parisien de *midinettes*, sont employées dans les magasins de Paris et qui, au milieu du jour, ont une heure de relâche pour aller prendre chez elles ou, plus ordinairement, à la fortune du sort, leur maigre pitance. Il s'agissait de mettre ces pauvres filles à l'abri des risques presque inévitables que faisaient courir à leur foi et à leur honneur ce genre de vie, les rencontres de convives trop obligeants qui s'offraient à payer leur écot et à égayer leur solitude. L'abbé Fleuret prit donc la résolution de fonder à St-Philippe une œuvre qui avait été tentée dans d'autres paroisses et qui, sous son impulsion et sa direction, allait prendre des développements inespérés et produire d'admirables résultats. Il s'entendit avec la supérieure des Sœurs de St-Vincent-de-Paul de la paroisse et, utilisant pour cette œuvre les salles de l'école que la persécution avait vidées de leurs élèves, il y installa cuisine, salle à manger, salles de récréation, bibliothèque. Quelque temps après, le restaurant est établi et prend rapidement de merveilleux développements ; les midinettes, après une courte hésitation, entrent attirées par l'étrangeté ; bientôt le groupe des débuts est devenu la foule ; les jeunes filles ne tardent pas à dépouiller leurs préventions : elles goûtent le charme de ces réunions honnêtes, joyeuses et économiques ; les menus excellents qu'on leur sert moyennant des prix dérisoires, les bons soins dont elles sont l'objet les ont transformées et en ont fait des membres d'une même famille : d'elles-mêmes, elles demandent à faire maigre le vendredi et ne reculent pas devant les dix minutes d'instruction religieuse qu'on leur fait de temps en temps après les repas, rafraîchissant dans leurs âmes les souvenirs un peu estompés du catéchisme de la première communion. De temps en temps, M. le curé vient leur rendre visite, s'informer si elles sont contentes de leur ordinaire ; il parle à toutes et à chacune avec cette bonhomie et cette grâce qui enlèvent les cœurs. C'est lui qui est le fondateur et le chef de l'établissement ; par motif de sainte économie pour les deniers de la caisse, ce *restaurateur du Bon Dieu* s'est fait inscrire sur les registres publics sous le titre humble mais charmant dans sa naïveté de *gargotier*, le dernier, mais aussi le moins imposé dans la liste de ceux qui, par profession, nourrissent leurs semblables.

Après avoir noté les immigrations, qui, à

cette époque, venaient fréquemment, comme nous en avons déjà fait la remarque, porter leur accroissement à cette population, nous ne saurions passer sous silence une décision de l'archevêché qui rattacha provisoirement à la paroisse de St-Philippe le quartier somptueux qui limite aux Champs-Elysées et au faubourg St-Honoré, son parc splendide et son palais ; ce palais est celui de l'Elysée, résidence du Chef de l'Etat et de ses maisons civile et militaire. Par suite de circonstances qui ne rentrent pas dans le cadre de notre étude, le Président de la République Française exprima le désir personnel de voir sa résidence distraite de la paroisse de la Madeleine pour passer temporairement dans celle de St-Philippe. A la requête qui lui était présentée par un paroissien de cette espèce, le cardinal Richard crut devoir accéder ; après s'être entendu avec les deux curés intéressés, il rattacha provisoirement l'Elysée à St-Philippe. Par là M. l'abbé Fleuret devenait l'Aumônier du Chef de l'Etat. Dans les circonstances actuelles, cette nouvelle fonction n'ajoutait pas beaucoup aux travaux ni aux consolations de son ministère. Si certains membres de la famille de M. Loubet fréquentaient d'une manière édifiante l'église de leur nouvelle paroisse, le Président lui-même, retenu par sa grandeur officielle, observait à cet égard une abstention qui pouvait peser à son âme, mais que le désir de ne pas créer d'embarras à son pouvoir temporaire imposait à son ambition humaine. Cette contrainte qu'il subissait, il faut l'espérer, à contre-cœur, le retint au fond de son cabinet présidentiel, le jour où son fils s'avança le brassard blanc au bras, à la tête des enfants de la paroisse, pour la 1re Communion ; dur esclavage des potentats de la terre ! — Le rôle de M. Fleuret comme aumônier de l'Elysée se bornait du reste à se rendre à l'invitation qui lui était adressée, la veille des grandes fêtes concordataires, par le secrétariat de la Présidence. Ces jours-là, il se présentait donc au Palais de l'Elysée, où on le conduisait en pompe à la chapelle ; il y célébrait le Saint Sacrifice, en n'omettant pas les inclinations requises devant le Chef de l'Etat. D'ailleurs il constatait dans la suite que pendant toute la durée des cérémonies la tenue des assistants était très correcte. Voulant témoigner sa gratitude de l'acceptation de sa requête et de la manière dont M. Fleuret s'acquittait de ses fonctions, M. Loubet fit proposer à ce dernier de le promouvoir à l'épiscopat ou de le nommer chevalier de la Légion d'honneur. Aucun de ceux qui ont connu M. le curé de St-Philippe ne sera surpris d'apprendre qu'il refusa avec énergie ces propositions, ne voulant pas accepter des salaires pour des fonctions qui lui pesaient, mais qu'il considérait comme inhérentes à sa charge paroissiale.

Mais le torrent était déchaîné ; la franc-maçonnerie se croyait maîtresse de la France ; elle voulait la dépouiller, en attendant de tuer la foi dans les âmes, de tous les signes de catholicisme que les traditions nationales avaient implantés dans les divers rouages de la vie sociale, pour y arborer les emblèmes de sa domination satanique. Dès lors les fonctions d'Aumônier de l'Elysée ne répondent en fait à aucune réalité et n'ont aucune raison d'être. Sous la servitude maçonnique qu'il subit, mais qui ne dégage pas la responsabilité de sa conscience, le Chef de l'Etat va en précipiter la suppression. Par la visite officielle et retentissante, que, malgré les protestations du Souverain Pontife, M. le Président de la République Française, encore officiellement catalogué comme chef d'Etat catholique, va faire au Quirinal, dans la ville de Rome, sous les yeux du Pape dépouillé et captif, il lance au St-Père son insulte et sa rébellion. Deux jours après, a lieu entre la France et le St-Siège la rupture dont la séparation de l'Eglise et de l'Etat allait être la lamentable conséquence, à la grande joie des Loges et de tous les ennemis de notre pays. Dès lors M. l'abbé Fleuret ne pouvait pas se contenter de gémir et de s'attrister au fond de son cœur devant cette scission brutale et criminelle avec les traditions et les intérêts de la France : il a une situation officielle qui lui donne le pouvoir et lui impose le devoir de protester contre l'insulte au St-Père, au vicaire de Jésus-Christ.

M. Loubet est son paroissien et, comme tel, il doit apprendre par un acte public la gravité de l'insulte commise par lui contre Dieu et son Eglise. M. le curé de St-Philippe du Roule, après avoir soumis sa résolution au cardinal Richard et en avoir reçu la pleine approbation, entre en scène; il croit devoir agir et il agit; voulant être fidèle à son devoir et éviter de faire un éclat, aux approches de la fête de Noël, il fit avertir par voie indirecte le secrétariat de la Présidence de l'inutilité d'envoyer une invitation pour la messe du 25 décembre qu'il était résolu à n'aller pas célébrer à l'Elysée. M. Loubet fut-il bien contristé d'une démarche qui mettait fin à une cérémonie pour lui de pur apparat ? Nous ne pouvons le dire. La conséquence fut la rupture de tous les rapports entre le curé et cette partie, une des plus notables mais non une des plus consolantes de son troupeau, et même la cessation de rapports avec les membres de la famille présidentielle. M. le curé, pour conserver le témoignage de ses sentiments personnels dans cette affaire, a placé dans le récit des négociations susdites le brouillon d'une lettre pleine de déférence surnaturelle pour Mme Loubet et son fils, qui jusqu'alors avaient fait montre de sentiments pieux et de dévouement spirituel envers lui. Par le fait, le rattachement provisoire du Palais de l'Elysée à la paroisse de St-Philippe n'avait plus de raison d'être, et tout rentra dans l'état normal, sans que ce changement de paroisse fût autrement sensible aux successifs habitants du Palais.

Tous ces événements n'ont été que la préparation voulue de cette période lamentable où la France officielle se proclama d'abord *areligieuse* et puis adversaire déclarée et haineuse de la Religion de Jésus-Christ. M. l'abbé Fleuret va donc entrer dans une période de lutte et de persécution que sa conscience sacerdotale lui fera affronter et subir sans défaillances et qui durera jusqu'à la fin de sa vie. Les sectaires, qui s'étaient emparés du gouvernement de la France et qui avaient pour objectif de leurs efforts la destruction du catholicisme, avaient commencé la réalisation de leur programme par la suppression de l'enseignement religieux, par l'expulsion des congrégations enseignantes ; avec leur savoir faire infernal, ils avaient compris qu'il fallait avant tout tuer la foi dans les âmes de ces pauvres petits sans défense, pour se rendre maîtres de l'avenir. C'est sur ce champ de bataille que se concentrent les attaques et les défenses.

Pour protéger contre les décrets iniques du pouvoir, les écoles qu'il avait fondées ou qu'il soutenait avec une générosité et une ardeur répondant à l'importance du but poursuivi, M. Fleuret usa de tous les moyens que lui fournissaient son zèle, son cœur apostolique, ses influences personnelles. Il put ainsi obtenir délais sur délais et retarder l'exécution dans sa paroisse des lois scélérates ; sans se faire illusion sur les résultats définitifs, il fonda à grand frais des écoles libres où des maîtres et des maîtresses chrétiens remplaçaient les religieux déchus de leurs fonctions d'éducateurs. Grâce au zèle et aux exhortations du pasteur, la persécution ne fit qu'exciter dans l'âme des parents la résolution de ne pas se laisser dépouiller de leurs droits inaliénables sur l'éducation de leurs enfants.

Les difficultés présentes ne firent qu'accroître le prestige et l'influence de M. l'abbé Fleuret dans sa paroisse et la haute estime dont il jouissait auprès des autorités ecclésiastiques. Celui dont nous venons de voir l'intransigeante indépendance envers les pouvoirs publics, qui repoussait avec dédain les propositions de distinctions honorifiques dans lesquelles son âme sacerdotale discernait des appâts pour des concessions dont il avait horreur, recevait avec une reconnaissance émue les félicitations ou les dignités lui venant de ses supérieurs ecclésiastiques, qu'il considérait comme les seuls juges de sa conduite. Tels furents ses sentiments, lorsque le cardinal Richard le nomma chanoine honoraire de Notre-Dame ou lorsqu'à la suite de fondations ou de donations dont nous aurons l'occasion de parler plus loin, les évêques de St-Flour lui envoyèrent les lettres de chanoine honoraire et de vicaire général dans leur diocèse, et surtout quand le grand et saint Pape Pie X, ce défenseur intrépide des principes et de la vérité, que la miséricorde de Dieu avait donné à son Eglise pour la conduire au milieu de la tempête et pour lequel le curé de St-Philippe professait une admiration et une vénération sans bornes, lui décerna la croix : *Pro Ecclesia et Pontifice*. Cette distinction si méritée, cette croix si bien placée le toucha jusqu'au fond du cœur ; les lettres Pontificales de cette nomination figuraient encadrées dans son salon comme un titre d'honneur. Et, dans les grandes cérémonies, il aimait à porter la croix donnée par le bien-aimé Pie X sur ses vêtements de chanoine.

Une des caractéristiques de cet homme si rempli de charité et de zèle était son amour intransigeant pour la vérité entière et absolue. Celui dont nous venons de dire le cœur toujours ouvert en présence de toutes les infortunes, le sourire bienveillant, la parole douce et aimable envers tous les malheureux qui venaient implorer son aide, ne pouvait admettre de sang-froid l'énoncé d'opinions erronées ou téméraires, qui de nos jours ne se produisent que trop souvent, même dans les milieux soi-disant chrétiens. Il voyait avec douleur et crainte pour l'avenir ces diminutions de la foi ; il s'associait au cri de détresse poussé par le Psalmiste en face de telles perspectives : *Salvum me fac, Domine quoniam defecit sanctus, quoniam diminutæ sunt veritates a filiis hominum* (1). Nous ne croyons pouvoir mieux faire pour exprimer les sentiments de M. l'abbé Fleuret à cet égard que de reproduire le passage suivant d'un article sur lui publié dans la « Croix du Cantal », par M. l'abbé Gaston, vicaire à St-Philippe : c'est un instantané qui fera revivre sa figure aimée aux yeux de ceux qui l'approchèrent jadis :

Esprit sage, pondéré, conciliant, M. Fleuret n'était intransigeant que sur un point, je le dis à son honneur : la vérité religieuse. La moindre atteinte, non

---

(1) Sauvez moi Seigneur, car les Saints nous font défaut et les vérités sont diminuées parmi les fils des hommes (Ps. XII).

pas certes aux dogmes définis, mais aux enseignements traditionnels, le blessait. La plus petite nouveauté le laissait défiant ; même appuyée sur de sérieux arguments, il se refusait à l'admettre tant qu'elle n'était pas consacrée par l'Eglise. Quand une discussion s'engageait en sa présence, son opinion était certaine d'avance, celle qui avait été toujours soutenue par les théologiens ou les exégètes les plus sûrs. En cette matière, il supportait mal la contradiction, ses termes, toujours respectueux, devenaient très vifs ; il les appuyait même d'un geste affirmatif sur son bureau ou sa table ; le dépôt de la foi lui était si sacré que même ses enveloppes extérieures lui semblaient intangibles ..

Aussi toutes les erreurs modernes, Modernisme, Loysisme, Américanisme, Sillonnnisme, etc., avaient en lui un adversaire déclaré. Il soutenait la vérité entière de toute la force de ses convictions, non seulement par ses paroles et son attitude, mais encore par son influence personnelle dans sa paroisse ; partout il travaillait pour conserver dans la société de nos jours, envahie par la légèreté et l'ignorance, la foi simple et absolue aux vérités révélées et aux enseignements de l'Eglise. Son esprit éclairé avait compris le rôle que devait jouer la presse catholique dans cette lutte pour la vérité : son influence, ses sympathies et sa bourse étaient largement acquises aux journaux de doctrine qui, sans souci de leurs avantages matériels et de leur popularité, soutiennent le bon combat pour Dieu et pour la France et ne craignent pas de descendre en champ clos contre les erreurs à la mode.

Avec sa foi et sa piété, son âme sacerdotale s'ouvrait amoureusement aux directions du Saint-Siège, dont il goûtait toute la lumière et la saveur. Dès que le décret du saint Pape Pie X vint rétablir les choses dans la pratique de la primitive Eglise, appela les fidèles à la communion fréquente et convia à la Table Sainte les âmes pures des petits enfants, le curé de St-Philippe salua avec enthousiasme et amour cet acte régénérateur de la société chrétienne. Se débarrassant sans hésitation ni retard des objections d'un Jansénisme archaïque, des routines profondément ancrées dans les habitudes, sans se laisser effrayer du surcroît de travail qui va résulter pour le clergé de la mise en pratique des prescriptions pontificales, il voit avec bonheur la prise de possession par Jésus-Christ de ces âmes, qu'il aime, qu'il réclame et qui seront les germes des régénérations de l'avenir. Le zélé curé ne veut pas laisser à un autre le soin de préparer ces chers petits à leur communion privée, de leur faire sentir les merveilles de la Charité divine pour chacun d'eux et l'obligation de répondre par l'amour de leurs cœurs et la consécration de leurs vies à ce Jésus qui les aime tant. Par leur éducation et leurs sentiments religieux, les familles de Saint-Philippe du Roule étaient capables de comprendre la grandeur de l'acte de la communion privée et d'éviter les inconvénients qui pouvaient se produire ailleurs. Aussi répondirent-elles avec un empressement joyeux à l'appel du curé ; dès les premiers jours, la communion privée des petits enfants fut organisée à Saint-Philippe du Roule et y produisit des fruits de bénédiction. M. Fleuret consacra à la préparation de ces enfants toutes les facultés de son esprit et de son cœur et ne considéra jamais comme du temps perdu et des efforts inutiles le temps et les efforts qu'il leur consacra.

Cependant les années s'accumulant sur les épaules du vigoureux montagnard Auvergnat ne parvenaient pas à briser ses forces, son entrain et son zèle. Quand l'époque des vacances venait à sonner, amenant la dispersion des brebis de son troupeau et transformant en désert ce quartier aristocratique, le vieux curé prenait le train qui le conduisait à Allanche, à Maillargues à la maison familiale. Alors son cœur s'emplissait de joie, ses poumons respiraient avec délices l'air fortifiant du Cantal ; ses membres engourdis reprenaient leur élasticité. Et lui qu'on voyait à Paris obligé de s'appuyer sur le bâton de la vieillesse, dans ces paysages du Cantal affrontait d'un pas presque juvénile les rudes montées de son pays. Le temps de ce repos bienfaisant étant écoulé, M. Fleuret reprenait le chemin de son presbytère, rapportant dans la capitale une ample provision de forces qu'il voulait dépenser au service de Dieu. Ce temps de vacances qui était si doux à son cœur et si indispensable à son corps n'était pas pour lui une simple période de reconstitution physique : il savait la féconder par un labeur fructueux pour le bien. Il se trouvait, non dans une terre étrangère, mais dans son propre pays ; il ne voulait ni ne devait y rester oisif. Nous avons vu qu'en lui accordant son *exeat* pour le diocèse de Paris, Mgr de Pompignac lui avait fait promettre de ne jamais oublier les liens qui l'attachaient au diocèse de St-Flour. Cette promesse, le curé de St-Philippe n'avait garde de la laisser improductive. De loin, comme de près, il était toujours prêt à travailler au bien des âmes de ses compatriotes et, dans sa chapelle de Maillargues principalement, il remplissait auprès des populations de la campagne ce ministère de la prédication qu'il avait exercé avec tant de fruits aux débuts de son sacerdoce. Nous énumèrerons plus loin les principales œuvres qu'il accomplit dans le Cantal et qui entourent sa mémoire de vénération et de gratitude. Nous nous bornerons ici à signaler les efforts persévérants et fructueux qu'il fit dans ces contrées si imprégnées de foi pour l'œuvre prédominante du recrutement du clergé, des vocations sacerdotales. Avec quel empressement il accueillait ces pauvres enfants qui lui étaient signalés pour leur piété, leur intelligence, leurs aspirations surnaturelles ! Il payait leur pension dans les séminaires et entretenait avec eux les rapports les plus paternels, recevait leurs confidences, encourageait leurs efforts et s'occupait de leur carrière ecclésiastique. Qu'ils sont nombreux ceux qui lui doivent leur entrée dans le sacerdoce et qui n'oublient pas leur bienfaiteur dans les *memento* de leurs messes ! Dans sa propre famille, M. l'abbé Fleuret avait récolté une ample moisson pour l'autel du Seigneur, d'excellents prêtres qui sont animés de son esprit et perpétuent sa mémoire. Parmi eux, je me bornerai à citer M. l'abbé Chopy, actuellement archiprêtre de Murat, pour qui il avait une paternelle affection et si entière confiance, qu'il l'avait pris comme confident et auxiliaire dans toutes ses œuvres et choisi pour exécuter ses dernières volontés, et son filleul, M. l'abbé Simeterre, professeur à l'Institut catholique de Paris.

Grâce aux ressources puissantes dont disposait la caisse du comité paroissial, M. l'abbé Fleuret s'occupa de l'embellissement de son église de Paris et tâcha d'améliorer, par des réparations et des ornementations de bon goût, ce que son architecture laissait à désirer ; il la dota de magnifiques orgues qui vinrent prêter leurs voix puissantes à l'éclat des cérémonies. S'il ne put faire prévaloir sur les goûts modernes d'une grande partie de sa paroisse, les austères beautés du chant grégorien, il attachait le plus grand prix à la magnificence du culte rendu à Dieu dans l'église de St-Philippe.

CHAPITRE V

LE SERVITEUR DE DIEU

CHAPITRE V

LE SERVITEUR DE DIEU

Avant de terminer l'esquisse de la vie si pleine et si féconde de M. l'abbé Fleuret, il me semble indispensable d'ajouter ici quelques pages qui donneront à cette biographie son caractère vraiment personnel, en nous faisant connaître les ascensions de son âme dans la voie surnaturelle et les multiples et admirables rayonnements de son action en dehors des limites et des absorbantes occupations de la paroisse. Par là la vie que nous avons entrepris d'écrire sera tirée de la respectable banalité où se trouve condamnée toute vie d'excellent curé, qui, pendant le cours de son ministère, par son zèle, sa charité, ses facultés intellectuelles et morales, s'est montré à la hauteur de sa charge et a mérité le respect de tous.

Pour le cas présent, en effet, l'énumération sèche et vulgaire des œuvres réalisées dans le terrain de la paroisse serait insuffisante ; car elle laisserait dans l'ombre le caractère admirablement surnaturel que ce serviteur de Dieu travailla et parvint à imprimer à l'accomplissement de sa mission ; ce caractère assure à sa mémoire la vénération et la reconnaissance des hommes, en même temps que les bénédictions de Dieu.

§ 1. — *Vie surnaturelle*

Comme tous les hommes qui ont cherché et compris le véritable but de la vie, et qui ont au cœur la sérieuse volonté de diriger leur existence vers ce but, M. l'abbé Fleuret se rendit compte, dès sa jeunesse, de l'importance ou plutôt de l'indispensable nécessité des retraites, ces exercices spirituels qui sont prescrits à tous les prêtres par les statuts diocésains, comme obligatoires.

Les papiers qu'a laissés M. Fleuret après sa mort nous prouvent qu'il ne considéra jamais comme une simple formalité, ou comme une corvée, cette courte période de l'année, où l'âme est invitée à s'abstraire, pendant quelques jours, de ses occupations ordinaires pour examiner sous le regard de Dieu ce que doit être sa vie, ce qu'elle a été et déterminer les remèdes à apporter aux défaillances du passé et aux préparations de l'avenir. Il les considéra toujours comme devant jouer un rôle important dans sa vie, il les préparait avec diligence et les faisait avec une entière bonne volonté. Il notait avec soin, à l'issue de chacune de ses retraites les pensées, maîtresses qui s'étaient imposées pendant ces exercices aux méditations de son âme, les lumières reçues et les résolutions prises. Ces notes n'étaient pas rédigées pour la forme, mais elles constituaient des souvenirs vivants, qu'il relisait à des intervalles déterminés pour s'assurer de la surnaturalisation de la vie et de la persévérance des résolutions prises. Nous avons ainsi un tableau vivant de cette existence toute consacrée à Dieu et des ascensions continues qu'il faisait au-dessus des misères de la terre. Il faisait ces retraites généralement dans des communautés religieuses où il trouvait le calme et le silence indispensables aux exercices spirituels : d'abord dans la maison des Lazaristes de la rue de Sèvres auprès de son ancien condisciple et ami M. l'abbé Fiat, supérieur de cette congrégation ; plus tard, quand ses occupations et sa santé l'obligèrent à ne pas trop s'éloigner de son centre de Saint-Philippe, ce fut dans le couvent des Passionnistes anglais, situé sur sa paroisse, avenue Hoche, qu'il disparaissait pendant les quelques jours qu'il dérobait au torrent de ses occupations quotidiennes, pour les consacrer tout entiers à la sanctification de son âme. Aidé de notes si nombreuses sur cette vie d'âme se racontant elle-même sous le regard de Dieu, nous pouvons la résumer afin de pouvoir mieux connaître ce saint prêtre et proposer son exemple à l'édification et à l'imitation de tous. Nous avons dit déjà dans les chapitres précédents les grâces dont le Bon Dieu le favorisa dans le cours de son existence ; il nous reste à dire maintenant avec quelle ferveur et quelle régularité il reçut ces grâces et en fit, depuis son enfance jusqu'à sa mort, la norme de son existence, de ses efforts et de ses vertus.

Les Anges à la naissance du Sauveur du monde, chantaient au-dessus de l'étable :

Gloire à Dieu au plus haut des cieux et sur la terre paix aux hommes de bonne volonté.

Il était éminemment homme de bonne volonté, ce Raymond Fleuret que nous voyons à l'âge de 11 ans, le 4 février 1846, reçu membre de la *confrérie du Très Saint et Immaculé Cœur de Marie, pour la conversion des pecheurs*, comme l'atteste le diplôme signé par l'abbé Barthomeuf, curé d'Allanche et directeur de la confrérie, diplôme conservé avec soin par l'intéressé en tête de toutes ses notes spirituelles, comme devant servir de caractéristique à toute sa vie. Admirons ce séminariste, ce prêtre, qui faisait avec tant de ferveur et de ponctualité ses retraites annuelles, rédigeait avec tant de soin ses pensées, ses résolutions et en faisait la base de sa vie spirituelle, et cela, depuis les commencements, car les caractères élémentaires du style et de l'écriture s'accordent avec les dates, toujours soigneusement enregistrées, pour nous révéler la jeunesse du retraitant.

Transcrivons ici quelques passages des sentiments qui s'imposèrent à son âme, le lendemain de son ordination au Sous-Diaconat et de l'émission des vœux définitifs au service de Dieu :

> Oui, mon Dieu, vous êtes mon partage et mon partage pour toujours ! Cette pensée qui m'effrayait jusqu'à ce jour fait maintenant toute ma joie. Je tremblais, sur le point de contracter l'engagement solennel du Sous Diaconat ; et vous savez, Seigneur, que, si votre invitation ne m'avait été plusieurs fois manifestée par la voix de mon directeur, je n'aurais jamais osé avancer à la voix du Pontife ! Mais votre volonté sur moi s'est manifestée, j'aurais été coupable de ne pas obéir... Je suis donc à vous pour toujours ; pour toujours, je suis consacré à votre service ; recevez, ô Seigneur, mes actions de grâces pour une telle vocation !

Après avoir reçu l'ordination sacerdotale il épanche les ardeurs de son âme et dit les perspectives de la vie qui s'ouvre devant lui.

Sancti estote quia ego sanctus sum. La fin du sacerdoce est la sainteté ! celui qui se propose seulement d'être *bon prêtre* ne remplit que la moitié de son devoir. Le vrai prêtre doit se dire : il faut que je sois un *saint prêtre*. Plus le prêtre est saint, plus il glorifie Dieu, plus il sauve d'âmes, plus il est assuré de se sauver lui-même... Pourquoi tant de chrétiens demeurent-ils dans la voie du mal, loin de Dieu ? Ils ont sans doute rencontré pendant leur vie de bons prêtres, mais jamais peut être un *saint prêtre*. Le Seigneur ne me demandera pas seulement compte des âmes que j'aurais pu sauver en menant une vie de *bon prêtre*, mais encore de celles que j'aurais pu sauver en étant *un saint prêtre*...

Seigneur, je n'ai pas de paroles pour vous exprimer toute ma reconnaissance. Par la plus incompréhensible de vos faveurs, vous m'avez revêtu de votre sacerdoce. Me voilà prêtre ! prêtre pour l'éternité. Est-il possible que je sois élevé si haut, malgré mon indignité ? Oui, cela est vrai, et ce que je ne puis comprendre, votre bonté infinie vient de le réaliser. Encore une fois, Seigneur, soyez béni et que le souvenir de vos bienfaits ne s'efface jamais de mon cœur — que je n'oublie jamais le grand jour du 18 décembre. *Adhæreat lingua mea faucibus mais, si non meminero tui.* Qu'il m'est doux de penser que, chaque matin, mon Sauveur daignera descendre du Ciel, pour venir sur l'autel et dans mon cœur. O mon Dieu, augmentez ma foi. Oui je crois ce mystère, je crois que je toucherai de mes propres mains le Fils éternel de Dieu le Père, le fils de Marie qui est mort pour moi Je crois qu'il vient s'incorporer à mon âme, pour me changer, me transformer en lui-même, pour m'animer de sa vie divine. Voilà l'excellence du sacerdoce : son objet, communiquer la vie de Jésus-Christ ; recevoir cette vie en soi-même et la donner ensuite aux âmes — vie de sacrifice et d'amour... A ces moments délicieux que je vis maintenant, succèderont sans doute des moments de peine, des jours de tribulation — que je n'en sois pas effrayé. Je me dirai alors que c'est là la mission du prêtre, souffrir et mourir avec Jésus... Vie d'amour... Pour moi, Jésus, vous venez sur cet autel ; pour moi, vous vous cachez sous les Saintes Espèces. Ce n'est que par l'amour que je puis reconnaître votre charité infinie. Vous ne venez pas seulement sur l'autel pour moi, pauvre pécheur ; vous y descendez aussi, parce vous aimez mes frères, tous les chrétiens. Votre charité embrasse tout le monde. Mais vous voulez la faire parvenir par le prêtre dans tous les cœurs... Ne permettez pas, ô Jésus, au nom de cet amour dont vous êtes embrasé pour moi que je sois indifférent à la vue de ces âmes que vous voulez sauver par mon ministère. Je travaillerai pour elles. S'il le faut, je donnerai pour elles ma vie. N'avez vous pas donné la vôtre ? et qu'est ce que ma vie, à côté de celle de mon Dieu ?

Tout ce que nous révèlent l'ensemble des actes de sa vie et la collection de ses archives spituelles, nous fait comprendre les hésitations, les recherches, les efforts qu'il fit pour orienter sa vie suivant la volonté de Dieu et pour tendre à la perfection, but de ses aspirations sacerdotales. L'attrait qu'il avait de tout temps ressenti pour le ministère des âmes, semblait devoir interdire toute hésitation. La vie du clergé séculier qui s'ouvrait devant lui et où il semblait destiné à faire tant de bien, était sans aucun doute celle que la Providence lui destinait. Il le croyait lui-même, mais son âme, embrasée de l'amour de Dieu, était prête, pour plaire à son Maître et tendre à la perfection, à faire le sacrifice de ses attraits personnels. Obéissant à ces saints désirs, après avoir reçu l'ordination sacerdotale, l'abbé Fleuret présenta à ses anciens maîtres sa requête et fut agréé dans la société de Saint-Sulpice qui lui offrait, en même temps que le ministère paroissial, l'avantage d'être régi par une règle et de vivre en communauté, ce qui le séparait du monde et lui permettait de vivre plus près de Dieu, sans restreindre par des vœux sa liberté pour les décisions de l'avenir. C'est en vertu de cette agrégation qu'il fut nommé vicaire de Saint-Sulpice et affecté à la communauté de jeunes prêtres groupés autour du curé de cette paroisse et l'aidant dans son ministère. La maladie qui força, comme nous l'avons dit, M. Fleuret à s'éloigner de Paris et à aller rechercher la santé dans les montagnes du Cantal, vint interrompre cet essai de vie religieuse sans pouvoir le détourner de ses recherches relatives à sa vocation définitive. Pendant son séjour en Auvergne, il ne cessait de tenir au courant de l'état de son âme, son supérieur, l'abbé Carrière, supérieur de Saint-Sulpice, homme de doctrine et de grand bon sens. C'est lui qui, dans une lettre écrite le 22 décembre 1863 et conservée parmi ses archives par M. Fleuret, mit fin aux hésitations de ce dernier : il lui ouvrait un champ d'études et d'action pour l'avenir. Sa vie était désormais définitivement orientée — et de toute cette période de tâtonnements et de recherches, il ne resta dans l'âme de M. Fleuret qu'une grande estime et une profonde sympathie pour la vie religieuse, estime et sympathie dont il devait donner des preuves si éloquentes dans le cours de son existence.

Ne pouvant faire de longs extraits dans cette immense collection spirituelle, citons quelques passages qui ont emprunté un intérêt particulier aux circonstances où furent faites les retraites ou aux sujets des méditations que la grâce inspira.

Notes sur la retraite de 1879

Voilà 21 ans que je suis prêtre !! c'est déjà une carrière ! Comment l'ai je remplie et comment dois-je poursuivre jusqu'au bout ? — 21 ans de sacerdoce ! Quelle charge et quelle responsabilité pour tant de grâces reçues ! Avant tout, je dois remercier Dieu et répéter avec une certaine fierté les paroles de la première ordination : « *Dominus pars hœreditatis meœ et calicis mei.* » C'est toujours la meilleure part. 21 ans de sacerdoce ! Je remercie Notre Seigneur et la Sainte Vierge de m'avoir particulièrement soutenu... Aujourd'hui 18 décembre, fête de l'attente de l'enfantement de la Sainte Vierge et anniversaire de mon ordination sacerdotale. O Marie, ma mère, vous qui avez béni mes premières années et à qui je dois la grâce d'avoir répondu à ma vocation, aidez-moi à poursuivre ma tâche jusqu'au bout ; je veux travailler à vous faire connaître, aimer, imiter. - O ma mère, sur vous se concentrent toutes mes affections. Je vous prends aujourd'hui plus étroitement que jamais, pour mon soutien, mon refuge, mon trésor, en un mot *ma mère* ; je veux être votre serviteur, votre *homme lige*, votre enfant Je me propose de faire toute chose par vous et pour vous ; car, si c'est pour vous, ce sera aussi pour Dieu.

Je vais reprendre mon travail monotone, fastidieux, ingrat : — j'en accepte d'avance tous les ennuis. Je me dirai qu'il n'est pas nécessaire, après tout, que je sois heureux, mais il est nécessaire que je sois un saint et que je donne à tous et partout le bon exemple.

Retraite de 1887

Je renouvelle les résolutions que j'ai prises si souvent de toute mon âme Je redis encore une fois avec bonheur : *Dominus pars hœreditatis meœ.* » Il me semble qu'il n'y a pas longtemps que je prononçais pour la première fois ces paroles — et cependant j'entre peu à peu dans la *vieillesse*. Ce mot, qui me rapproche de la mort, ne doit pas me faire peur. Plus j'avance vers le terme de ma vie et plus je suis près du ciel, près de Dieu et de ceux qui ont vécu chrétiennement et dont j'ai pleuré la perte... *Sursum corda*. Ce sera ma devise : En haut mon cœur ! puisque la terre s'éloigne, puisque le vide se fait peu à peu autour de moi, puisque le chemin est hérissé d'épines. En haut, mon cœur ! puisque *là haut* est Jésus mon maître, mon ami, mon trésor, la vie de ma vie, *le Dieu de mon sacerdoce !* Si j'ai été son prêtre 29 ans, c'est pour lui dire avec plus de raison que jamais : *Ad quem ibimus ? verba vitæ æternæ habes — cupio dissolvi et esse cum Christo.* » Donc *Sursum corda*.

Retraite de 1908

Noces d'or. — Cinquante ans de Sacerdoce

Cette grande période se résume en trois mots : Les grâces reçues, les fautes, les épreuves : 1° Grâces reçues. *Quid retribuam*. Remercier Dieu pour la conservation de la vie. C'est miraculeux d'être arrivé à cet âge, avec une santé si précaire à 25 ans. Remercier Dieu pour les grâces spirituelles. Si j'ai gardé inviolablement mes engagements sacrés — si j'ai échappé à des périls graves et fréquents — si, malgré mes faiblesses, mes supérieurs m'ont traité très avantageusement — s'il m'a été possible de faire du bien par mon ministère... et au dehors : Chapelle de Notre-Dame de-Pitié, Filles du Sacré-Cœur, Orphelinats, Ecoles Libres, Vocations sacerdotales, Congrégation de Saint Joseph, etc., ma conclusion est : *A Domino factum est istud. Te Deum laudamus. Quid retribuam Domino ?*

2º Les fautes.

3º Les épreuves ne m'ont pas été épargnées. — Dieu m'a soutenu extraordinairement par sa grâce, en m'envoyant des âmes de choix, véritable élite d'un dévouement absolu, âmes pures auxquelles il m'a été donné de faire du bien et dont le concours m'a été précieux pour faire du bien aux autres. — Elles sont maintenant devant Dieu. Mais le ciel est la perfection de la charité et de la reconnaissance Aussi je compte toujours sur leur protection et je n'ai jamais été déçu. Aujourd'hui surtout, je les conjure, au nom de ce passé, de m'aider à remercier Dieu et à vivre de lui, en attendant le suprême rendez-vous des justes dans l'éternité. Je conjure aussi les saints prêtres qui m'ont dirigé dans la voie sacerdotale et qui sont maintenant devant Dieu de me diriger encore par leur puissante intercession.

Dans une vie si volontairement détachée de la terre et si invariablement orientée en haut, M. Fleuret exécutait du sein de cette vallée de larmes, dans le lieu où l'avait placé la Providence, ces *ascensions* du cœur dont parle le Psalmiste et qui aboutissent au ciel. Grâce aux lumières reçues pendant ses exercices spirituels, à ses résolutions prises et fidèlement observées, son existence allait toujours se surnaturalisant davantage. Le genre de vie qu'il avait depuis longtemps adopté et que chaque année perfectionnait, se rapprochait de plus en plus de la régularité religieuse et tendait constamment à l'union à Dieu pour toutes les actions de la journée. C'est avec une profonde édification que nous le voyons fixer avec exactitude l'emploi de toutes les heures de sa journée, insister sur la demi-heure de sa méditation quotidienne, sur sa fervente préparation à la messe. Après avoir, dans le recueillement de son oraison matinale et dans les ardeurs de la messe, rassemblé son viatique pour la journée, il pouvait aborder avec confiance les labeurs quotidiens de son ministère qu'il s'efforçait et parvenait à détacher de toute considération humaine pour ne voir en tout que l'amour de Jésus-Christ. Le soir, en se recueillant une dernière fois aux pieds de son crucifix, il pouvait offrir à Dieu ses actions de grâce pour les dons reçus et les efforts faits pour sa gloire et son amour.

En même temps qu'il progressait dans son zèle pour le service de Dieu et la surnaturalisation de ses actes, il augmentait ses puissances et ses lumières pour la direction des âmes qui s'étaient confiées à lui : terrain sur lequel il exerça une si grande et durable influence. Aussi croyons-nous que le tableau que nous avons entrepris de donner de cette vie serait incomplet si nous passions sous silence cette direction d'âmes, à laquelle il se consacra avec tant de zèle et de fruits pendant toute la durée de son existence.

Quoique, par principe, nous ne soyons guère partisan de ces divulgations au public des lettres de direction surnaturelle qui bien souvent devraient rester dans le sanctuaire inviolé des relations d'âmes, nous croyons ne pouvoir nous dispenser de reproduire ici, en leur enlevant tout caractère personnel, certains passages des nombreuses lettres émanées de M. l'abbé Fleuret, qui contribueront à compléter le portrait de cette attachante personnalité et serviront à l'édification de tous.

§ 2. — *Direction des âmes.*
Filles du Sacré-Cœur..

Direction des ames

Nous avons déjà noté au cours de cette étude le zèle qu'il déploya de tout temps sur ce terrain, le nombre de fidèles qui entouraient son confessionnal et les fruits surnaturels qui y étaient recueillis. Parmi ces fidèles il existait une catégorie d'âmes d'élite qu'il avait su distinguer dans la foule, à qui la pratique des préceptes ne suffisait pas, et qui ambitionnait la voie supérieure des conseils évangéliques. M. l'abbé Fleuret sut découvrir ces chrétiennes prévenues par la Providence de grâces exceptionnelles, il comprit l'importance qu'il y aurait à répondre à leur bonne volonté par les efforts de son zèle et les dévouements de sa direction.

Après avoir beaucoup prié et demandé les lumières d'en haut, il arriva à cette conclusion que ces âmes ferventes et généreuses, qui, pour des raisons quelconques, n'avaient pu embrasser la vie religieuse, mais qui, obligées de vivre dans le monde, étaient embrasées du désir de servir Jésus-Christ et de lui consacrer leur existence tout entière, avaient droit à ne pas être laissées dans leur isolement — que le bon Dieu leur portait une dilection particulière et voulait qu'elles fissent vers lui les ascensions spirituelles dont il leur avait mis le désir au cœur. Il se mit donc à étudier sous le regard de son crucifix les moyens de réaliser la pensée qui obsédait son âme depuis les débuts de son ministère. Il comprit la nécessité de créer, pour ce petit groupe d'âmes choisies, une association mi partie religieuse et séculière, où ces saintes femmes trouveraient la possibilité d'avancer en sainteté et en vertus et d'employer, au service de Dieu et au bien du prochain, les dévouements de leurs cœurs et les ressources matérielles dont elles pourraient disposer. Telle fut la pensée maîtresse de l'*association des Filles du Sacré-Cœur*, dont M. l'abbé Fleuret jeta les bases, rédigea les règlements et à la direction de laquelle il se consacra avec un zèle et une constance que ne purent atténuer les modifications successives de ses fonctions personnelles. Certes, ce n'était pas une sinécure que cette charge, qui venait s'ajouter à tant d'autres, de Directeur de l'association ; dans sa pensée et dans la pratique il estimait que son rôle principal devait être la direction spirituelle de toutes ces âmes et de chacune d'elles; il les suivait dans le détail de leur vie quotidienne, répondait à leurs questions, leur donnait ses instructions pour les œuvres qu'elles lui soumettaient ou qu'il leur inspirait et que, véritables religieuses, elles accomplissaient sous la sauvegarde de l'obéissance.

Ce fut pendant qu'il était aumônier à Henri IV que M. l'abbé Fleuret mit à exécution cette pensée si féconde pour la gloire de Dieu et le bien des âmes ; ce fut dans la chapelle du Lycée que, au cours de la messe silencieuse et solitaire, l'aumônier reçut les engagements des premières associées en 1874.

Nous ne pouvons mieux faire pour faire connaître cette association qui était appelée à faire sans bruit et dans l'humilité tant de grandes et belles œuvres, que de résumer son manuel et son règlement rédigés par M. l'abbé Fleuret, et approuvés le 22 août 1897, par le cardinal Richard, archevêque de Paris.

Cette association, y est-il dit, se propose d'honorer le Cœur sacré de Jésus par la pratique des conseils évangéliques, autant que le permet la situation de ses membres au milieu du monde... A la tête de chaque groupe se trouvait une supérieure et au dessus de toute l'association, le directeur qui devait veiller à la sanctification et à l'action de chacune des associées. Le nombre de ces dernières était très limité, et leurs vertus devaient être suréminentes : pour le recrutement, la supérieure de chaque groupe et le directeur s'en réservaient le soin après s'être assurés de l'esprit de générosité, d'humilité, d'obéissance, de zèle et de bon jugement qui devait animer toutes les associées. Après une consciencieuse étude des qualités d'une personne, si elle était reconnue apte à faire partie de l'association, on lui faisait la proposition et après de sérieux essais, elle était admise à faire sa consécration. A partir de ce moment, l'associée devait le respect et l'obéissance à ses supérieurs, en qui elle devait voir l'autorité de Dieu et de qui elle devait recevoir avec régularité, respect et bonne volonté, sa direction spirituelle et la conduite de ses œuvres. Le règlement portait ensuite l'indication des exercices de piété de l'association, des réunions mensuelles, des retraites annuelles. Voici quelques extraits des dispositions relatives aux œuvres des associées.

... La première œuvre des Filles du Sacré Cœur est leur sanctification personnelle ; la fidélité à leur règlement est pour elles le meilleur moyen d'y parvenir. Destinées à vivre au milieu du monde, elles soutiendront de tous leurs efforts, les œuvres établies dans leurs paroisses respectives ; en dehors des œuvres paroissiales, elles auront à cœur les intérêts des enfants pauvres et délaissés et spécialement l'œuvre des vocations ecclésiastiques.

Les Filles du Sacré Cœur pratiqueront non seulement les vertus chrétiennes imposées à tous les fidèles ; mais, comme elles se proposent d'observer au milieu du monde les conseils évangéliques, elles s'appliqueront à mettre en pratique, selon leur condition, les vertus religieuses, savoir : l'obéissance, la pauvreté et la chasteté.

C'est à maintenir ce programme et à faire avancer ses filles dans ces voies surnaturelles que tend la correspondance de M. l'abbé Fleuret avec elles. Des circonstances providentielles ont fait arriver en nos mains une notable collection de ces lettres. Nous allons y puiser, avec la discrétion qui est obligatoire pour tous les documents de ce genre, des passages qui nous feront apprécier cette forte et douce direction des âmes et connaître l'œuvre principale de M. l'abbé Fleuret et toutes les œuvres qui en découlèrent dans la suite.

Ecoutons ce qu'il dit à une supérieure au sujet d'une âme tourmentée par la tribulation qu'il confie à sa miséricordieuse vigilance :

... Il faut que je vous parle d'une personne que je connais particulièrement et à laquelle je m'intéresse beaucoup. Elle traverse au point de vue religieux de terribles épreuves. Cette personne, d'une famille très respectable, a été élevée dans des principes chrétiens et dressée de bonne heure à une vie sérieuse La peine ne l'a pas épargnée et c'est sous l'impression de chagrins particuliers qu'elle s'est sentie poussée spécialement vers la piété, depuis un certain nombre d'années. Les commencements de cette nouvelle vie lui ont été bons et Dieu lui faisait trouver dans son service une joie, parfois très vive, qui l'y attachait davantage. Cela ne nous étonne pas, car c'est ainsi que les choses se passent au début. Avec les années cette ardeur *sensible* a diminué. Certains exercices de piété ont été accomplis par raison, plutôt que par goût. Mais au fond on marchait; et marcher ainsi c'est plus méritoire que si le chemin était facile.

Mais il entrait dans les desseins de la Providence de soumettre cette âme à une épreuve plus terrible. Tout à coup tout s'est obscurci dans cette intelligence Elle avait la foi et elle en faisait les actes depuis des années, et tout à coup les ténèbres du doute l'enveloppent; son cœur, bien doué et animé de nobles aspirations, se sent voué à des instincts à peine avouables. Bouleversement général qui ferait croire à première vue que tout est changé, que tout est perdu. L'énergie s'en va; l'imagination s'exalte et on croirait qu'on n'est plus soi-même. Comment faut il apprécier cette situation? Pour quiconque a un peu l'habitude des consciences, cet état ne prouve en réalité aucun changement *réel*. Si violente que soit la tempête l'arbre n'est pas déraciné. Ce qui est formé de vieille date ne se brise pas ainsi. Et cela reste vrai, quand même mille sentiments feraient croire le contraire. Mais que faire dans cet état? — 1° Etre convaincu que ce n'est qu'une tempête plus ou moins longue et qui passera comme tant d'autres tentations. 2° Etre convaincu que la tentation n'est pas d'elle-même une faute et qu'il y a un abîme entre le sentiment et le consentement. 3° Etre convaincu que les quelques actes de piété que l'on fait au milieu de ce tourbillon ont d'autant plus de valeur qu'ils sont plus laborieux. 4° Etre convaincu que Dieu nous *ordonne* d'avoir confiance en sa bonté — ces moyens sont excellents. Mais comme la tentation est parfois très opiniâtre, le grand remède qui les résume tous, c'est l'obéissance complète à son confesseur ou son directeur.

Nous avons tenu à reproduire, malgré sa longueur, cette consultation de thérapeutique spirituelle, car elle nous fait comprendre avec quelle maîtrise M. l'abbé Fleuret possédait l'art si difficile de la direction des âmes et savait trouver dans son esprit, dans son cœur et dans sa foi les solutions qui éclairent, qui fortifient et qui consolent.

Nous sommes obligé de nous restreindre pour ne pas puiser trop largement dans cette abondante collection de documents tout ce qui pourrait nous faire connaître cette direction si ferme, si une et si paternelle aussi bien au point de vue de l'âme que pour les œuvres. Quelques passages cueillis çà et là suffiront pour nous en donner une idée et nous faire comprendre l'intensité de l'effort exercé et la grandeur des résultats obtenus.

Notre vie vient de Dieu ; elle ne serait pas digne de Lui, si elle n'était qu'un jeu, une bagatelle. Dans la pensée du divin auteur, elle est un don sérieux. ayant un but.

Pour d'autres enfin, la vie est la voie du devoir avant tout : c'est la part des âmes généreuses qui veulent remplir les jours et les années d'actes vraiment utiles. Certes je ne dis pas que le chemin du devoir soit le plus agréable. Cela n'est pas, et cela ne peut pas être. En effet, si l'accomplissement du devoir était toujours facile et selon nos inclinations naturelles, il n'y aurait aucun mérite. La victoire qui ne coûterait pas la moindre peine ne serait pas une victoire. Il ne faut donc pas s'effrayer plus que le soldat devant les difficultés... Dieu ne tient pas compte des succès, mais des efforts *patients* et *laborieux* que l'on fait pour l'atteindre. Donnez-moi une âme qui arrive à la fin de sa destinée temporelle, après avoir souffert et travaillé pour la bonne cause, et moi je lui prédis, *sans crainte* de me tromper, les récompenses auxquelles elle a droit.

Je me sens poussé à vous dire que vous ferez bien de ne pas tenir compte de vos répugnances religieuses. Ce dégoût est pour vous une tentation de plus à mépriser. Nous devons aller à Dieu, parce qu'il nous invite à venir et que nous avons besoin de Lui. Croyez bien qu'avec sa grâce seulement, nous triompherons du mal. Quant à nos misères et à nos fautes, elles doivent produire en notre âme l'humilité, sans diminuer notre confiance en la bonté divine.

Comme il s'intéressait à toutes les œuvres entreprises par ses filles avec son autorisation pour la gloire de Dieu et le bien des âmes !

Je partage toutes vos tribulations, en ce qui concerne X... Cela n'est pas nécessaire à vous dire : vous le savez. Ces œuvres me sont trop chères pour que je les perde de vue. Je m'y intéresse constamment. Les difficultés qui s'y présentent ne m'effraient pas. Toutes les œuvres bonnes présentent des obstacles et produisent des déceptions. C'est ennuyeux, sans doute. Mais, comme je vous l'ai dit souvent, si le bien se faisait sans peine et sans ennui où serait notre mérite ? Je demande à Dieu de nous diriger dans la voie du bien, afin de pouvoir, avec son secours, mieux écarter ce qui est mauvais et mieux discerner ce qui est bon. Ne l'oublions jamais, c'est l'idée chrétienne qui a présidé à la création de ces œuvres ; et c'est avec l'idée chrétienne qu'elles doivent être poursuivies. Faisons donc intervenir Dieu par nos prières, par des actes de confiance en Lui et en acceptant, pour l'amour de Lui, les amertumes de tous les jours.

Il avait pour ses filles une affection très surnaturellement paternelle, qui fait songer aux relations de saint François de Sales et de sainte Jeanne de Chantal. Il prenait avec une émotion touchante sa part aux joies et aux douleurs de leurs familles. Mais quand la main de la Providence s'appesantissait plus lourdement sur lui et que la mort venait à lui ravir une de ses filles bien-aimées, qui avaient été, suivant son expression, les âmes de son âme, et les fidèles et admirables coopératrices de ses œuvres, il s'incline, il prie — mais il pleure.

Une lettre d'Aurillac m'apprend que la sœur Marie de Sales vient de rendre son âme à Dieu. Je n'ai plus ici-bas une âme qui, depuis 28 ans, a été dévouée à la mienne d'une manière absolue. J'ai pu lui faire du bien. Nous avons marché ensemble, sans découragement, ne cherchant qu'à procurer la gloire de Dieu et le salut du prochain. Si parfois mes conseils ont pu lui être utiles, d'autre part, elle m'a secondé admirablement avec une ardeur religieuse que rien ne lassait. Et maintenant, elle a quitté cette terre et elle nous attend dans un monde meilleur, où ses mérites l'ont précédée. Comme il était convenu que nous ne nous oublierions jamais, je compte sur sa protection auprès de Dieu. Je prie et je prierai pour elle. Je remplirai souvent ce devoir sacré d'une amitié sainte. Plaise à Dieu que le souvenir de ses vertus m'aide à accroître mes mérites et me prépare aux éternelles récompenses qui approchent. .

Au commencement de l'année 1903, la Providence envoya à M. l'abbé Fleuret une de ces épreuves écrasantes qui brisent, mais qui sanctifient. Une courte maladie enleva de ce monde et de toutes les œuvres admirables qu'elle avait semées le long de sa route Mlle L..., cette âme objet des prédilections du serviteur de Dieu, qu'il avait distinguée, formée à la sainteté, qu'il dirigeait avec une sollicitude et une charité paternelles : c'était sa collaboratrice efficace pour l'association du Sacré-Cœur et pour toutes les œuvres qu'il avait inspirées ou qu'il avait accomplies par elle ou avec elle. Il est impossible de se rappeler sans une profonde émotion le spectacle du vieux prêtre pleurant et priant auprès du lit funèbre de celle qui avait été la confidente de toutes ses aspirations célestes, sa coopératrice inlassable pour la gloire de Dieu et le bien des âmes. On eût pu craindre que le coup porté sans préparation au vieillard dans ses paternelles affections et dans toutes les œuvres entreprises aurait eu raison de ses forces et de son activité. Cependant, s'inclinant sous la volonté de Dieu et s'inspirant des souvenirs et des influences posthumes de celle qui avait quitté la terre, mais qu'il sentait près de lui, il se redressa et se remit avec un redoublement d'énergie à la besogne interrompue, ne voulant pas laisser périr toutes les œuvres que la mort de cette sainte femme laissait en suspens. Après avoir honoré la mémoire de celle qui prenait tant de soin pour cacher au public le bien immense fait par elle, par des obsèques solennelles à Saint-Philippe du Roule, M. l'abbé Fleuret crut bon de faire connaître, par une brochure, les actes de la vie de cette sainte femme et de payer à sa mémoire le tribut de reconnaissance auquel elle a droit.

Il est bon de faire savoir, au moment où les revendications sociales se produisent parfois avec tant d'acrimonie, que le nombre est plus grand qu'on ne pense des privilégiés de cette fortune si jalousée qui en font l'emploi le plus noble et le plus désintéressé. Mlle L... était de ceux-là.

Il la montre employant tous les revenus de son riche patrimoine au soulagement des petits ; il parle de son intelligence dans la charité, de son humilité, de sa discrétion. Nous la voyons consacrant tout ce que la nature lui avait départi d'intelligence, de force et de bonté à la création, à la direction, à l'entretien avec ses seules ressources des deux orphelinats, dont elle avait fait l'œuvre capitale de sa vie. Parlant au nom de son autorité morale, M. l'abbé Fleuret peut terminer cet hommage rendu à celle qu'il connaissait si bien par ces mots :

Aujourd'hui nous pouvons affirmer hautement qu'elle a été une femme de bien dans l'acception la plus élevée du mot. Elle a fait le bien pour lui-même avec simplicité, sans autre mobile que celui d'obéir à la fois au désir de sa mère et à ses propres aspirations, sans espérer d'autre récompense que celle qu'elle trouvait dans le calme de sa conscience et la sérénité de son âme...

Pour faire connaître davantage cette pénétrante et sûre connaissance des âmes et répandre davantage le bien qu'il a fait pendant sa vie, glanons quelques extraits de sa correspondance dans le volumineux dossier que nous avons sous les yeux.

C'est ainsi que nous nous sanctifierons par l'épreuve et que nous en sortirons avec de nouveaux mérites pour notre salut. Tels sont les desseins de Dieu sur nos âmes. La vie est un combat dont la palme est aux cieux. Nous le savons depuis longtemps *théoriquement*. Mais, quand le champ de bataille est ouvert réellement, notre pauvre nature se désole. Elle serait à plaindre si elle était seule. Mais Dieu est là. Notre-Seigneur y est sans cesse par ses mérites et par sa grâce. Voilà notre force, voilà pourquoi notre découragement n'aurait pas de sens. Au lieu de chercher à éviter la souffrance, ce qui est impossible, prenons-la vaillamment, quand elle vient et portons-la vers Dieu pour notre bonheur éternel.

... Vous aviez raison de rappeler le mot : *Ils ne virent que Jésus seul*, non parce que je l'ai répété, mais parce qu'il vient de celui qui est *la voie, la vérité* et *la vie*. Je sais bien qu'il est difficile d'avoir habituellement les yeux fixés sur ces hauteurs et de ne considérer que le sommet. Les objets créés qui nous entourent et puis nos sens retardent nécessairement cette marche ascensionnelle ; mais il ne faut pas se décourager pour cela. Les saints, ne pouvant se dégager complètement des créatures, contractaient l'habitude de s'élever par elles vers Dieu. Ce sont des échelons dont nous nous servons pour monter sans cesse. Si ces marches sont bonnes, c'est pour remercier Dieu ; si elles sont dures et difficiles à gravir, c'est pour faire pratiquer la pénitence. Mais, en toute hypothèse, elles nous sanctifient...

... Oui, vous avez raison de croire que souffrir est bien ce que Dieu veut de nous. Si Notre Seigneur a tant souffert et s'Il a amené sa Mère au Calvaire, c'était pour nous apprendre à accepter, à supporter, et même à aimer la douleur. N'ayez donc pas peur, mon enfant, de regarder la croix en face. Regardez-la souvent. Elle sera votre lumière et votre force. Vous verrez qu'elle sera aussi un jour votre joie. Mais une joie pénétrante, calme, supérieure à tout ce qui est humain...

... Aujourd'hui, fête de la Sainte Vierge, je demande à cette Bonne Mère que vous soyez, à son exemple, la servante du Seigneur, mais une servante qui accepte en tout la volonté du Souverain Maître. Depuis quelque temps, la Providence vous donne souvent l'occasion de pratiquer cette soumission ; on espère, et puis, c'est la déception, on doit partir et puis on ne part pas. Ce flux et reflux contrarie notre volonté ; mais que cela est *bon* quand on dit au fond de son cœur : Mon Dieu, j'accepte et j'aime ce que vous voulez. Que tel soit, mon enfant, votre langage...

Nous arrêtons ici ces citations que nous voudrions pouvoir faire plus nombreuses et plus complètes. Mais, en terminant, nous tenons à copier *un règlement de vie* qu'il composa et remit à une de ses filles spirituelles. Cette citation nous montrera jusqu'où il faisait parvenir les dames du monde qui s'étaient confiées à sa direction et dont la bonne volonté répondait à son zèle :

1° Faire régulièrement la prière du matin et du soir.
2° Méditer dix minutes par une lecture réfléchie.
3° Offrir à Dieu toutes ses actions et ses peines de la journée.
4° Aller vers le prochain, en vue de Dieu, en toute charité.
5° Souffrir et ne pas faire souffrir.
6° Se souvenir que les actions qui ne procèdent que de la volonté ont plus de mérite que celles qui viennent de l'entraînement du cœur.
7° Faire souvent des actes intérieurs de confiance en Dieu, *quand même*.
8° Pratiquer ce que sainte Thérèse se disait à elle-même : *que rien ne me trouble, tout passe*.

CHAPITRE VI

LES ŒUVRES
EN DEHORS DE LA PAROISSE

CHAPITRE VI

LES ŒUVRES
EN DEHORS DE LA PAROISSE

Les grâces qu'avec tant de constance il allait chercher en haut, les aides dont il avait su conquérir le dévoué concours sur la terre avaient produit leurs admirables effets d'épanouissement sur l'action extérieure de M. Fleuret ; cette action s'étendait au loin, avec un caractère de *catholicité*, qui lui était propre, et qu'il tenait à imprimer à toutes ses œuvres.

Ah ! certes, il ne rentrait pas dans la catégorie nombreuse des hommes qui, soit par le sentiment de leur impuissance à aller plus loin, soit par préoccupation inconsciemment égoïste de leur propre personnalité, limitent leurs efforts au territoire restreint de *leurs clochers* et défendent avec défiance ce territoire contre les influences parallèles qui prétendraient venir partager la tâche. Pour lui, il se considérait de plus en plus comme le serviteur de Dieu, ne cherchait partout que la gloire de Jésus-Christ et savait sacrifier à ce but supérieur ses intérêts personnels. Aussi, si les bornes de ses ressources imposaient parfois des limites à ses générosités, les divisions géographiques étaient impuissantes à l'arrêter.

Nous avons déjà vu combien la paroisse de St-Philippe du Roule était chère à son cœur, combien il avait mis sans réserve son zèle et ses facultés à la tâche primordiale d'y faire fleurir la ferveur, la piété et la charité, et combien, avec un orgueil paternel, il tenait à ce qu'elle tînt le premier rang dans le diocèse pour les œuvres. Malgré tout, son cœur et sa bourse restaient ouverts pour toutes les infirmités, pour tous les besoins des enfants de l'Eglise, répandus dans le monde. Sa charité était surtout inépuisable pour les missionnaires et leurs pauvres populations. Dans des circonstances que nous ne pouvons préciser, un missionnaire ou un groupe de missionnaires, pour témoigner leur reconnaissance des bienfaits reçus, conçut la pensée de s'adresser à la S. C. de la Propagande et d'obtenir, en faveur de M. l'abbé Fleuret, la dignité d'une prélature Romaine. A l'appui de leur requête, ces missionnaires firent établir la liste des œuvres accomplies par ce serviteur de Dieu en dehors de sa paroisse. Cette note officielle que nous allons transcrire ici nous permettra de jeter un coup d'œil d'ensemble sur l'action extérieure de M. Fleuret, nous réservant de nous arrêter avec plus de détails sur certaines de ces œuvres, qui, par leurs caractères particuliers, ou par les conséquences qui en découlèrent, nous paraissent plus dignes de fixer l'attention :

ŒUVRES FAITES OU SOUTENUES

PAR M. L'ABBÉ FLEURET

M. le chanoine Fleuret, qui dirige depuis 1890 l'importante paroisse de St-Philippe du Roule, est un des curés les plus méritants de France. Il s'est toujours distingué dans le clergé de Paris par son ardent attachement au St Siège. Il fut le premier à adopter la pratique des communions privées.

Les sommes qu'il recueille chaque année pour le denier de Saint-Pierre et celui du culte sont considérables.

Il a établi un grand nombre d'œuvres dans sa paroisse qui est devenue par son zèle une des plus pieuses de Paris...

Sa charité est connue de tous et elle est éminemment apostolique.

A Paris il a contribué pour cent mille francs à la construction de la nouvelle église de Clichy ; les Bénédictins lui doivent le Prieuré de Ste Marie, rue de la Source à Auteuil : il a fourni à l'hôpital St-Joseph environ six cent mille francs — sans compter les secours considérables qu'il donne aux paroisses pauvres du diocèse de Paris.

Au diocèse de St-Flour, son pays d'origine, il a établi et entretient plusieurs écoles libres, en dehors des secours accordés au clergé. Il a bâti une belle chapelle, lieu de pèlerinage.

§ 1 — *Œuvres dans le Cantal*

Parmi tous les souvenirs qu'il emporta du pays et qu'il conserva fidèlement dans son cœur, en en faisant un des mobiles principaux, était sa dévotion envers Notre-Dame de Pitié. Cette dévotion qui avait inspiré la ferveur de sa jeunesse, il la conserva toute sa vie ; et elle fut une des consolations de sa couche funèbre ; elle mérite donc d'arrêter quelques instants nos regards ; car elle devait jouer un grand rôle dans son existence.

Le culte de la Vierge des douleurs avait, depuis des siècles, attiré vers Maillargues un concours notable de fidèles de toute la contrée. Les origines de ce pèlerinage et de cette dévotion s'estompent dans le passé : nous ne pouvons en retrouver les traces que dans quelques vestiges et dans les traditions locales. Ces vestiges consistent presque exclusivement dans une statue en bois du xve siècle, de la Vierge à la face expressive et décomposée par la douleur, tenant sur ses genoux le corps inanimé de son divin Fils. Où était le sanctuaire qui abritait cette statue vénérable, objet de la dévotion de tout le pays ? C'est un point d'histoire locale qu'il semble bien difficile d'éclaircir. La tradition qui paraît reposer sur des fondements sérieux, rapporte que dans la 2e moitié du xvie siècle, pendant la période des Guerres de religion, cette statue aurait été sauvée, lors de la destruction par les Huguenots de quelque sanctuaire de la contrée, et transportée dans la chapelle du château que la famille de Mercœur possédait sur le territoire de Maillargues. La haute situation que cette illustre famille occupait dans les armées catholiques et la grande piété de son chef donnent à cette tradition des caractères de probabilité qu'on ne doit pas négliger. A la fin de cette période, le Duc de Mercœur avait été l'instigateur et le Directeur de la fameuse Ligue qui, par la lutte contre les troupes royales, avait joué un rôle si considérable et avait été l'instrument de la Providence pour la conservation du catholicisme sur le trône et dans le royaume de France. Après la conversion de Henri IV, il fit sa soumission et se retira dans son château de Maillargues, pour y terminer dans le calme et la paix sa batailleuse existence. Le château et la seigneurie passèrent par un mariage en la famille des Ducs de Vendôme, qui les possédaient au commencement du xviie siècle. Mais le grand ministre de Louis XIII, le cardinal de Richelieu, qui a tant fait pour la grandeur de la France, résolut d'anéantir, ou d'annihiler la féodalité ; dans ce but, il fit publier une Ordonnance royale qui était à la fois une réaction contre le passé et une préservation pour l'avenir, et qui prescrivait la démolition, dans toute l'étendue du royaume, de tous les châteaux forts ayant joué leur rôle dans les guerres ou les révoltes du passé ou pouvant le faire plus tard. Le château de Mercœur fut compris dans cette hécatombe : en 1632, ses murailles furent démolies, ses tours rasées : de cette sombre et illustre résidence, il ne resta bientôt plus que quelques pans de ruines sur le sol et la statue de Notre Dame de Pitié, que des mains amies parvinrent à arracher aux mains des démolisseurs et qui fut transportée dans un coin de l'humble « maison du Vicaire de Maillargues » (1). De ce nouvel asile, la vénérable statue continua dans l'obscurité son rôle de sauvegarde pour la contrée ; les pélerins se rendaient à la maison depuis longtemps abandonnée pour vénérer la Vierge des douleurs, la remercier

---

(1) On appelait *vicaire* le prêtre nommé par le patron de la paroisse pour gérer ses intérêts spirituels.

des grâces reçues et implorer ses faveurs. Quelquefois des groupes plus nombreux, des paroisses entières venaient prier Celle que tous les fidèles considéraient comme la reine de la contrée : ces pélerinages collectifs venaient attester que le culte de la Vierge miraculeuse était loin d'être tombé en oubli. Pour répondre aux désirs pieux d'un grand nombre de fidèles et favoriser ces manifestations de la piété populaire, aux débuts du xviiie siècle, fut construit auprès de la maison du vicaire » un petit oratoire, où fut déposée la statue vénérée : une lampe, qui devait être toujours allumée, fut placée devant la porte de l'oratoire pour dire aux passants la sainteté du lieu et les inviter à la prière.

A cette dévotion envers Notre-Dame de Pitié qui avait été toujours la caractéristique des habitants de ce coin de l'Auvergne, Raymond Fleuret consacra, dès son enfance, les ardeurs de son âme ; il devint et resta, jusqu'à la fin de sa vie, le dévôt serviteur de la Vierge.

Reportons-nous au moment où l'abbé Fleuret dut suspendre ses fonctions de vicaire à Saint-Sulpice pour venir chercher dans les montagnes du Cantal une santé qui semblait sérieusement compromise et des forces dont il se croyait privé pour toujours. Dans cet état si désolant pour lui et pour son avenir, le jeune prêtre tourna ses espérances vers le ciel : c'est à Marie, à la Mère de Pitié qu'il adressa ses supplications pour lui rendre une vie et une santé qu'il voulait employer au service de Dieu. Il écrivit et souscrivit la pièce suivante qu'il conserva, avec un soin pieux et une émotion reconnaissante, dans ses archives spirituelles :

Aujourd'hui, 17 mai 1867, je soussigné, enfant dévôt de la Sainte-Vierge, *fais vœu* de donner, si j'obtiens le rétablissement de ma santé, mille francs pour la construction du sanctuaire de N. D. de Pitié, à Maillargues, près Allanche (Cantal), lorsqu'on le construira. Je promets de plus à ma bonne Mère de faire tous mes efforts pour obtenir au plus tôt l'autorisation et les moyens de faire bâtir cette chapelle.

Paris le 17 mai 1867
Signé : FLEURET
prêtre de S. S.
Enfant de Marie.

Telle est la formule du contrat qui, ce jour-là, fut conclu entre Notre Dame et son fidèle serviteur et qui devait avoir une décisive influence sur le reste de l'existence de ce dernier. Par une protection merveilleuse, la Sainte Vierge rendit à son enfant la vie et les forces et substitua à l'anémie, qui le réduisait à l'impuissance et menaçait sa vie, cette vigoureuse santé qui lui permit de continuer jusqu'à 80 ans son rude et fécond travail. L'abbé Fleuret répondit à cette grâce maternelle par un amour reconnaissant et inlassable envers Notre-Dame de Pitié, qu'il prit pour sa patronne et l'inspiratrice de ses actes. Il s'empressa de verser la somme promise qui ne laissait pas d'être considérable pour la bourse d'un jeune vicaire et qui fut en réalité la pierre d'attente des largesses de l'avenir.

La promesse ne tarda pas à se réaliser. Avec l'autorisation de Mgr de Pompignac dont la piété envers Marie était bien connue et les encouragements de M. Costerousse, curé-doyen d'Allanche, on se mit courageusement à l'œuvre. L'enthousiasme était universel; Maillargues était bien alors le village de la

Chapelle de Notre-Dame-de-Pitié à Maillargues.

Sainte Vierge. Chacun apportait son concours : le riche donnait volontiers son argent ; l'ouvrier, sa modeste offrande ; le pauvre, par son travail, venait en aide : tous étaient impatients de voir le couronnement de l'édifice. Les travaux, commencés en février 1869, étaient terminés à la fin du mois d'août de la même année. Le 8 septembre, M. le curé d'Allanche bénissait la nouvelle chapelle. La statue vénérée, portée par les Enfants de Marie, venait occuper sa place d'honneur, au dessus de l'autel. M. l'abbé Fleuret, répondant avec empressement à l'appel de ses compatriotes, eut le bonheur de renouer la chaîne brisée du culte public rendu à la Vierge des douleurs et de célébrer, dans la modeste chapelle qui lui tenait tant au cœur, les saints mystères devant l'image de Notre Dame de Pitié.

Mais cette humble chapelle dont les dimensions et l'architecture répondaient aux modestes ressources qu'on avait pu y consacrer, si elle avait eu pour résultat de renouer les traditions du passé et d'imprimer un nouvel élan à la dévotion du pays, ne satisfaisait que provisoirement les aspirations de l'abbé Fleuret pour la gloire de sa Reine et patronne ; dans le fond de son cœur, il prenait la résolution de faire mieux si ses ressources le lui permettaient.

22 ans plus tard, alors qu'il était curé de Saint-Philippe du Roule, les circonstances lui permirent de mettre à exécution le cher désir de son cœur.

Ayant réuni les ressources suffisantes pour élever un monument digne de l'excellence de la Mère de Dieu et de la Mère des hommes et répondant à la grandeur de sa dévotion personnelle, M. l'abbé Fleuret, approuvé et encouragé en cela par M. l'abbé Mallet, curé-doyen d'Allanche, se rendit en Auvergne, où il avait convoqué M. Serre, architecte de Murat, à qui il confiait le soin de dresser le plan et de construire la nouvelle chapelle sur l'emplacement de l'ancienne. Les travaux commencés au printemps de 1891, étaient terminés au mois de septembre 1892. M. l'abbé Fleuret surveillait de loin la construction à laquelle il portait un si vif intérêt ; dès qu'il le peut, il va sur place pour se réjouir des progrès de la construction, encourager et presser architecte, entrepreneurs et ouvriers. La chapelle est un bijou d'architecture, qui chante les gloires de Marie et invite les fidèles à la prière. Le fondateur enrichit la chapelle de magnifiques vitraux, d'autels en bronze, de vases sacrés et de reliquaires d'un grand prix. Pour compléter son œuvre et donner à la chapelle ses compléments naturels et en assurer les résultats de l'avenir, M. l'abbé Fleuret construisit des deux côtés de l'édifice deux écoles, une pour les garçons et une pour les filles, qu'il plaçait sous la protection et sous la bénédiction de la Mère de Dieu. Dans ce sanctuaire si beau et si pieux les fidèles se pressaient aux pieds de la statue de Notre Dame. Les pèlerinages se multipliaient. Le jour de la fête patronale de Notre Dame des sept douleurs, l'enceinte de la chapelle est insuffisante à contenir l'affluence des pèlerins ; la foule se répand au dehors, jusque sur les rochers qui dominent l'édifice et fait monter au ciel ses chants et ses prières.

Après toutes ces manifestations de la libéralité et de la dévotion de M. Fleuret, nous ne pouvons passer sous silence un don d'une nature particulière qu'il fit à sa ville d'Allanche ; nous allons citer les quelques lignes que le Journal *le Figaro* a publiées à ce sujet :

Les donateurs lèguent toutes sortes de choses, leur générosité s'étendant à tout. Il en est une pourtant que jamais aucun d'eux ne s'était avisé d'offrir et qui est offerte aujourd'hui à l'hospice d'Allanche.

Un homme de bien, qui avait autant d'esprit et de sens pratique que de cœur, M. l'abbé Fleuret, le regretté curé de Saint-Philippe du Roule, a par testament olographe, légué à cet hospice une montagne !...

Je lègue, écrit-il en ce testament, *à l'hospice d'Allanche, ma montagne de Segnalade, dans toute son étendue actuelle avec le bâtiment. Je veux que son revenu soit affecté au soulagement des pauvres de ma paroisse natale...*

Il y a quelques années, s'ouvrait pour la France, et plût à Dieu qu'elle approche de sa fin ! une lamentable période ; la persécution religieuse s'était déchaînée et sévissait sur tous les points de notre France avec son cortège de hontes, de douleurs et d'iniquités. Dans cette crise odieuse, légiférée et promulguée par le Parlement et mise à exécution par toutes les autorités du pays, les rigueurs se firent particulièrement sentir dans les provinces catholiques où il y avait plus de résistances à redouter et où la secte franc-maçonnique semblait prendre un satanique plaisir à faire peser sa tyrannique domination et provoquer, pour les écraser ensuite, les convictions et les aspirations légitimes de leurs honnêtes et chrétiennes populations. Plus d'une fois, l'indignation populaire se souleva et massa une foule de braves gens décidés à une énergique résistance contre les envahisseurs ; dans ces tristes conjonctures, on vit la noble armée de France réduite au bas rôle de police qu'on lui imposait et obligée à ajouter la force de ses baïonnettes à l'œuvre d'iniquité qu'on voulait accomplir.

Ici, comme partout ailleurs, la persécution commençait par l'école. Les ennemis de Dieu avaient compris que leurs efforts seraient vains s'ils ne tuaient la foi dans les âmes des enfants, ces réserves de l'avenir ; et pour cela, il fallait anéantir l'éducation chrétienne. Pour accomplir ce programme, la loi sectaire et athée proscrivait pour les écoles publiques l'enseignement congréganiste et déclarait incapables et indignes ces milliers de Frères et de Sœurs qui, dans leurs humbles écoles, consacraient leur vie, leurs facultés, leur dévouement à cette œuvre prédominante, si aimée de Jésus-Christ, l'éducation des petits. Le pouvoir trouvait dans cette loi odieuse le moyen de se débarrasser d'une concurrence gênante, de s'approprier par le droit de la force des bâtiments scolaires, et d'arracher au Christ les âmes de générations de pauvres petits sans défense.

Alors on vit se produire sur toute l'étendue du territoire ces scènes lamentables de crocheteurs officiels, revêtus des insignes de l'autorité, sous la protection de la force armée, enfonçant les portes, arrachant de pauvres Sœurs en larmes à des enfants qui ne voulaient pas les quitter. Quelques moments après, ces religieuses chassées de leurs couvents, jetées sur le pavé, se réunissaient aux pieds du tabernacle et suppliaient Celui pour lequel elles souffraient persécution de les soutenir dans épreuve. Et puis, sous des habits séculiers, elles se dispersent, vivent comme elles peuvent. Le triomphe de la franc-maçonnerie paraît complet et définitif. Si, dans les grandes villes, des congrégations puissantes peuvent trouver à l'étranger un asile pour elles et leurs œuvres, que vont devenir ces congrégations modestes de la campagne, qui n'ont pas les ressources suffisantes pour s'établir hors du pays ? Leurs religieuses sécularisées, dispersées, étaient livrées sans ressources à tous les dangers, à toutes les amertumes et à tous les dénûments. Leurs œuvres disparaissaient, ainsi que leurs congrégations, qui, si nombreuses au pays d'Auvergne, étaient condamnées à une mort inévitable. Ces spectacles multipliés frappèrent le cœur de l'abbé Fleuret d'une grande indignation et d'une immense compassion. Impuissant à relever toutes ces ruines, il voulut au moins employer ses facultés et ses générosités à opérer un sauvetage. Parmi toutes les communautés qui avaient pris naissance et s'étaient développées dans le pays du Cantal, était celle de St-Joseph, dont il avait été à même d'apprécier l'esprit religieux et les œuvres qu'elles avaient opérées pour la gloire de Dieu et le salut du prochain. Ce que ces pauvres filles étaient incapables de tenter par elles-mêmes pour sauver leur congrégation, M. le curé de St-Philippe du Roule résolut de l'entreprendre et de conduire à bonne fin cette œuvre de justice et de réparation. Il se rendit acquéreur d'un vaste terrain dans le diocèse de Liège en Belgique, y construisit un grand couvent avec toutes ses dépendances, et, après avoir obtenu l'autorisation de l'évêque, il put établir dans cet asile providentiel ces pauvres filles qui, grâce à lui, purent reprendre leur vie religieuse, continuer leur recrutement et leurs œuvres et préparer l'avenir. Tous les ans, il venait leur faire une visite, non canonique, mais paternelle, qui lui donnait l'occasion d'apporter aux exilées ses abondantes aumônes.

Cependant les années s'accumulaient sur les épaules de M. Fleuret, et un sentiment qui est commun à bien des vieillards se produisait dans son âme. Il considérait toutes ces œuvres qu'il avait créées, qu'il faisait vivre, toutes ces misères qu'il avait secourues, toutes les aumônes qu'il avait répandues, avec une admirable prodigalité, dans toutes les parties de l'univers. Mais, loin de concevoir à ce spectacle une pensée d'orgueil ou de satisfaction personnelle, il ne pouvait chasser de son esprit une pensée de tristesse qui venait de plus en plus vivement l'obséder. Il considérait l'éventualité, qui est certaine pour tous et dont l'échéance pour les vieillards est imminente, de sa mort. Que vont devenir après lui toutes ces œuvres ? Il n'est pas besoin de lumières prophétiques pour prévoir leur alanguissement et puis, bientôt après, leur disparition. Dès lors, il se produisait dans l'âme de l'énergique lutteur, de l'infatigable travailleur, un sentiment de lassitude, de tristesse et de désillusion : voilà tant d'années qu'il a travaillé avec tout son zèle, toutes ses facultés, à la gloire de Dieu et au bien des âmes. Tout ce qu'il a fait, il le voit condamné à disparaître sans délai, ne laissant après lui qu'un vague souvenir, bientôt effacé. S'il est trop chrétien pour permettre au découragement d'envahir son âme, le vieux prêtre conçoit au fond de son cœur le désir ardent de faire avant sa mort une œuvre dont le caractère général et l'importance puissent la mettre à l'abri de l'instabilité de tout ce qu'il a fait jusqu'alors. Certes ce désir ne lui est pas inspiré par la pensée d'assurer à son nom et à ses actes une gloire qui est bien au-dessous de ses espérances et bien loin de ses préoccupations ; mais par l'ambition de travailler d'une façon moins éphémère au bien de l'Eglise et des âmes, seuls objectifs de son zèle et de son activité.

Pour réaliser les aspirations de son cœur à ce sujet, il eut pendant quelque temps la pensée de sauver, en s'en rendant acquéreur, l'antique et célèbre pèlerinage de Rocamadour dans le Quercy. Ce vénérable sanctuaire de la Sainte Vierge, bâti comme une citadelle de prières sur les flancs abruptes des rochers au-dessus de la vallée, pendant tout le moyen-âge et de nos jours encore, a attiré des foules de pèlerins de toutes les montagnes de la France centrale ; et les genoux des fidèles qui gravissaient la hauteur en récitant leurs *Ave Maria* avaient usé les marches de l'escalier gigantesque. Dans ce moment l'existence du sanctuaire et du pèlerinage était sérieusement menacée. M. Fleuret, dans sa dévotion envers Marie, était vivement impressionné par cette perspective et trouva dans ce sauvetage la réalisation partielle du programme qu'il s'était formé pour la fin de sa vie. Les difficultés surgirent imprévues et arrêtèrent au dernier moment l'exécution de ce plan que M. Fleuret préparait avec tout son dévouement et avec sa sollicitude éclairée. Dieu permit cet insuccès pour assurer la réussite d'une autre œuvre qu'on ne pouvait encore entrevoir et qui devait réaliser d'une manière plus complète et plus efficace les rêves apostoliques du vieillard.

La ville de St-Flour possède dans son étroite enceinte un très vaste bâtiment à l'architecture noble et sévère : c'est le Grand Séminaire. L'ampleur et la magnificence de cette construction répondent à la foi du pays et à l'abondance des vocations ecclésiastiques qui s'épanouissaient sur les montagnes du Cantal. Aussi ce fut avec un profond serrement de cœur que le clergé et la population virent cette nouvelle exécution des lois scélérates et l'occupation par l'administration, de ce séminaire où se rattachaient tant de souvenirs et où s'abritaient les espérances de reconstitution de l'avenir. Difficilement on se procura diverses résidences provisoires et incommodes pour abriter les jeunes clercs qui aspiraient au sacerdoce. Mais la spoliation une fois accomplie, le Grand-Séminaire restait entre les mains des spoliateurs une proie que ses dimensions et ses dispositions intérieures rendaient impropre à toute utilisation et qui ne leur rapportait que des frais d'entretien et le souvenir honteux de leur forfait. Les autorités se décidèrent à se débarrasser d'un immeuble qui ne leur attirait que des charges et de l'impopularité.

Dans leur embarras, la préfecture et la municipalité, après des essais infructueux pour faire de ce bâtiment une caserne, ou un sanatorium, se résolurent à demander au ministère l'autorisation de mettre en vente ces bâtisses d'une utilisation si difficile. Les autorisations ayant été accordées, l'administration des Domaines fit procéder à la vente, au mois de mai 1913. M. l'abbé Fleuret qui, dans l'obscurité où il s'était relégué, suivait avec un profond et silencieux intérêt toutes ces opérations, parut alors sur la scène et, aux enchères, il fut déclaré acquéreur et propriétaire de ce qui avait été le Grand-Séminaire et allait le redevenir.

Après avoir acquis le Grand-Séminaire, l'avoir réparé et l'avoir meublé, M. Fleuret eut le bonheur de venir offrir à Mgr l'évêque de St-Flour ce don princier et sacerdotal de sa vieillesse. C'était peu de temps avant la retraite sacerdotale que la donation fut faite : dans les bâtiments nouvellement acquis et rendus à leur destination primitive, le clergé se réunit avec joie et émotion ; le diocèse reprenait possession de cet immeuble qui avait tant de prix à ses yeux et lui était d'une si urgente nécessité. M. l'abbé Fleuret demanda à occuper son ancienne cellule de séminariste. Inutile de chercher à redire la surprise, la joie, l'enthousiasme de l'évêque et de tout le clergé du diocèse de St-Flour. Des adresses collectives, des lettres innombrables d'ecclésiastiques vinrent traduire les sentiments du clergé. Une plaque de marbre fut fixée en face de celle de Monseigneur Salamon, pour perpétuer le souvenir de cette donation. Quant au généreux donateur, malgré tous ses efforts pour se tenir inaperçu, et échapper aux manifestations enthousiastes de la reconnaissance de tous, la joie débordait de son âme. Il sentait qu'il avait accompli à la fin de ses jours l'œuvre voulue de Dieu, qui lui survivrait et continuerait après lui ses conséquences bénies pour l'avenir de la Religion dans ce pays. L'œuvre de sa vie était terminée et avec confiance et amour, il pouvait dire à son Dieu le : *Nunc dimittis servum tuum* du vieillard Siméon.

§ 2. — Prieuré bénédictin de Sainte-Marie de Paris

Mademoiselle L...
M. le curé de Saint-Philippe-du-Roule

Dans tous les diocèses, dans la plupart des villes d'une certaine importance, nous trouvons deux clergés vivant et agissant parallèlement : le clergé séculier et le clergé régulier. L'opinion publique, jugeant les choses sur des apparences ou de simples présomptions, prétend que ces deux clergés constituent deux puissances rivales, juxtaposées, qui, en raison même de l'identité du but poursuivi et de la communauté du champ d'action, vivent dans un état de méfiance mutuelle et de lutte sourde, quelquefois même déclarée. Ces mésintelligences, qui avaient quelques raisons d'être dans l'organisation de l'ancienne France, alors que chacun avait des prérogatives et des privilèges à défendre et à conserver, n'en ont plus depuis que, dans la société laïcisée de nos jours, les prérogatives et les privilèges n'existent plus qu'à l'état de souvenirs historiques et que tous les membres du clergé de France sont autant d'ouvriers appelés à l'honneur et au devoir de travailler le champ du père de famille, ce champ où, comme le déclare Jésus-Christ, la moisson est abondante et les ouvriers peu nombreux. Est-ce que, dans l'état actuel des choses, en présence de tous les ennemis ligués contre l'Eglise, il est permis à un cœur catholique de conserver les anciens préjugés et d'établir deux camps rivaux dans l'armée des serviteurs de Jésus-Christ? En tous cas, telle n'était pas la manière de voir et de sentir de M. Fleuret. Nous avons déjà dit les aspirations qu'il avait ressenties et étudiées vers la vie religieuse; pendant toute sa vie, il prouva, par les faits, par les secours qu'il prodigua à des religieux ou à des communautés, en quelle estime il avait ces hommes ayant tout abandonné pour suivre leur Maître et se consacrer à son service, et combien il tenait à favoriser leurs développements et à les utiliser pour le bien à faire.

Parmi tous les actes de sa vie sacerdotale et bienfaisante et toutes les preuves qu'il multiplia de son estime affectueuse pour les Ordres Religieux, on me permettra d'en choisir un qui m'est plus particulier ; je pourrai parler ainsi en plus grande connaissance de cause et, en parlant, donner à mon cœur la douce satisfaction de faire revivre un passé bien cher et de payer à de saintes mémoires les dettes de reconnaissance et de vénération contractées envers elle.

Après une catastrophe, dont il serait hors de propos de dire ici les tristesses, le Prieuré de Sainte-Marie de Paris, de la Congrégation Bénédictine de France, traversait une crise douloureuse d'efforts et de misère ; les supérieurs nous avaient donné la mission de relever cette fondation monastique, qui avait tant de glorieux souvenirs à faire revivre dans la capitale et tant de bien à faire ; nous devions donc recommencer, dans la pauvreté, l'humilité, la ferveur, un essai où des moyens plus ambitieux venaient d'échouer. C'est dans cette situation que la prudence humaine pouvait qualifier de désespérée, mais que la Providence exige pour toutes ses œuvres, que la reconstitution d'un monastère Bénédictin à Paris fut entreprise. Tout manquait à la fois, en même temps que le souvenir de la catastrophe récente semblait devoir paralyser tous les efforts. Soutenu par le devoir de l'obéissance envers l'autorité qui lui avait donné sa mission, persuadé du bien que pouvait et que devait faire dans ce milieu si spécial de Paris une fondation où les moines partageraient leur vie entre la prière et l'étude, entre leurs offices au chœur et leurs travaux aux Bibliothèques, le Prieur embrassa avec énergie la pénible fonction de *quêteur*, allant demander aux âmes charitables et capables de comprendre le caractère et l'utilité d'un monastère Bénédictin à Paris, les ressources pour procurer à ses religieux le pain de chaque jour et pour assurer l'avenir. C'est là que notre divin Maître nous attendait, lui, le pauvre de Bethléem et de Nazareth, pour nous venir en aide et mettre fin à nos épreuves par un de ces moyens dont il a seul la disposition et où l'on ne saurait méconnaître sa main toute-puissante et toute miséricordieuse. Dans le cas présent, ces moyens furent les relations imprévues qui s'établirent entre le pauvre quêteur et M. le curé de Saint-Philippe du Roule. Je ne puis m'empêcher de rappeler à mon souvenir ému la réception cordiale, sympathique et sacerdotale que me fit ce dernier lors de ma visite et les paroles si douces et si encourageantes, cette première offrande qui devait être suivie de tant d'autres. Dès lors, une véritable et cordiale amitié s'établit entre lui et moi ; il se constitua pour le pauvre moine le réconfort, le conseil et l'ami qui ne devait jamais se démentir.

Le 27 janvier 1898, un télégramme m'invitait à passer, pour une communication urgente, au presbytère de Saint-Philippe. Là se passa une scène qui ne s'effacera jamais de mon souvenir et de mon cœur. Portant sur ses traits l'expression d'une profonde émotion, l'excellent curé m'ouvrit ses bras et me pressant sur son cœur, me fit le récit suivant, en ayant soin de se maintenir dans son rôle de simple intermédiaire et de dérober aux regards la part qui lui revenait dans toute cette affaire : Le matin, Mademoiselle L... dont il a été si souvent question dans ce qui précède et dont nous connaissons la grande âme, était venue lui faire les confidences et les déclarations suivantes : « Depuis plusieurs jours, je suis poursuivie par une pensée que je crois venir de Dieu et que je vous soumets. Dans ma vie, j'ai fait avec ma fortune et j'entretiens un certain nombre d'œuvres charitables; maintenant, je sens au fond de l'âme un profond désir de faire, pour la gloire de Dieu, une fondation de prières et de louanges divines. J'ai pensé aux Bénédictins dont le Père du Bourg, que vous m'avez fait connaître, disait dernièrement le but, la vie et les nécessités. Si vous me donnez votre approbation, ma pensée serait de venir en aide à ces pauvres Pères ou plutôt de leur bâtir un monastère pour qu'ils y puissent mener leur vie de supplication et de pénitence... » Quand M. le curé eut terminé cette communication, qu'il eut ajouté qu'il avait donné de tout cœur son approbation à une pensée répondant pleinement à ses propres sentiments et qu'il venait de la part de Mlle L... m'en faire la communication officielle ; en présence de cette action miraculeuse de la Providence je n'essaierai pas d'exprimer mon émotion. Je me bornerai à reproduire la lettre que j'écrivis, le soir même de ce jour mémorable, à Mlle L..., pour lui dire, en mon nom et au nom de mes religieux, nos sentiments à son égard :

+
Pax Paris, ce 27 janvier 1898.

Mademoiselle,

Je sors de chez M. le curé de St-Philippe du Roule, qui m'avait prié de passer chez lui pour une communication urgente et qui m'a rapporté vos intentions à notre égard. Avec quelle émotion j'ai reçu cette communication, je suis impuissant à le dire ; vous devez le comprendre. Je me suis hâté de rentrer au monastère, où j'ai réuni le Chapitre pour communiquer ces grandes nouvelles à mes religieux. Après être tombés à genoux pour remercier le Dieu de toute miséricorde qui daigne avoir pitié de ses enfants et faire luire le rayon de sa lumière au milieu des ténèbres qui les enveloppaient, nos cœurs, émus de reconnaissance, se tournent vers vous qui êtes l'instrument de sa sollicitude paternelle à notre égard. Pour vous témoigner cette profonde reconnaissance, les pauvres moines n'ont qu'un moyen, c'est de vous offrir la participation à toutes leurs prières et à tous les mérites de leur vie monastique. Le Chapitre a décidé, et je suis heureux de vous transmettre cette décision, qu'une fois par mois, au jour que vous voudrez bien nous indiquer, la messe conventuelle sera célébrée pour vous et pour les vôtres.

Daignez agréer, Mademoiselle, l'hommage de mon respect et de mon religieux dévouement en N.-S.

Signé : Fr. A. DU BOURG.
Prieur de Ste Marie.

A partir de ce moment, les rapports deviennent plus fréquents et plus intimes entre nos bienfaiteurs et nous. Le 19 mars, M. l'abbé Fleuret bénit la première pierre ; et les constructions commencent et se poursuivent activement ; les puits se creusent dans le sol argileux de la Source, et se remplissent de maçonnerie : les murailles s'élèvent. Occupant, dans une installation provisoire, l'habitation de l'ancien propriétaire, nous voyons de nos fenêtres se poursuivre les travaux, se construire la chapelle romane, où Mlle L... se plaît à accumuler les ornements se rapportant à leur destination monastique et témoignant de son affectueux intérêt personnel. Les premiers travaux viennent à peine d'être terminés que la bénédiction de la cloche du monastère, dont Mlle L... avait consenti à être la marraine, donne à cette dernière l'occasion de doubler ses générosités par la construction de nouveaux et vastes bâtiments mettant le moutier de la rue de la Source à hauteur des nécessités du présent et de l'avenir. Grâce aux libéralités dont il avait été l'objet et aux grâces dont la Providence l'avait comblé, le monastère de Sainte-Marie, sur la demande du révérend Père dom Bourigaud, abbé de Ligugé, avait été érigé en prieuré conventuel et s'établissait dans le vaste bâtiment que Mlle L... et M. le curé de St-Philippe lui avaient préparé. La période des épreuves était terminée ou du moins suspendue ; celle des consolations lui avait succédé.

Cédant au sentiment de gratitude envers Dieu et les bienfaiteurs de notre monastère, nous reproduisons la traduction de l'acte solennel de la bénédiction du Prieuré et de l'église de Sainte-Marie, tel qu'il est conservé dans nos archives :

L'an de grâce 1898, le 3ᵉ jour des Nones d'octobre l'Eminentissime et Révérendissime seigneur, François Marie Benjamin cardinal Richard du titre de Sainte-Marie *in via*, archevêque de Paris assisté par les Révérends seigneurs, Beurlier chanoine, curé d'Auteuil et Lefebvre, chanoine, secrétaire de l'Eminentissime cardinal, suivi et accompagné par une quantité notable de prêtres séculiers, parmi lesquels le bienfaiteur insigne et le promoteur de ce monastère naissant, le Très Révérend seigneur Fleuret, chanoine, curé de St-Philippe du Roule, des religieux de presque tous les ordres et une multitude de pieux fidèles, entre lesquels la servante de Dieu, la dévote demoiselle Eugénie L... qui, par une admirable munificence, a construit l'église et le monastère de Sainte-Marie, et aussi la très noble et illustre comtesse d'Eu. De la congrégation française de l'ordre de St Benoît étaient présents, les Révérendissimes abbés de Sainte-Marie-Madeleine de Marseille, de Saint-Dominique de Silos, de Saint-Maur de Glandfeuille, de Saint-Wandrille de Fontenelle et le Révérend Père dom Antoine du Bourg, prieur de ce monastère, ainsi que plusieurs moines de Saint-Wandrille, assistants du Révérendissime Père dom Joseph Bourigaud, abbé de Saint-Martin de Ligugé qui avait érigé, de son autorité abbatiale, confirmée et approuvée par le Révérendissime seigneur Paul Delatte, abbé de Solesmes, le dit Prieuré. Lorsque, dans une marche solennelle, l'Eminentissime et Révérendissime Cardinal fut arrivé à la porte extérieure après avoir entendu une allocution très émue du Révérendissime abbé de Ligugé, il procéda à la bénédiction extérieure de l'église, d'après les rites prescrits par le Pontifical ; puis, étant entré dans l'église, après les litanies et les prières, il l'aspergea et la bénit. Ensuite, montant sur son trône, il assista pontificalement à la messe solennelle célébrée par le Révérend dom Antoine du Bourg. Après l'Evangile, Son Eminence adressa au peuple chrétien une remarquable et pieuse homélie, dans laquelle il exalta les bienfaits de Dieu et appela les bénédictions de ce même Dieu sur cette nouvelle maison de l'ordre de saint Benoît, qui, avec la grâce céleste, sera pour tous une source de science et de piété. A la fin de son allocution, l Eminentissime et Révérendissime Cardinal fit promulguer les indulgences et donna la bénédiction pontificale. La messe étant terminée et au chant solennel du *Te Deum* les abbés et les moines ramenèrent à la Salle du Chapitre l'Eminentissime et Révérendissime Cardinal, qui daigna ensuite aller bénir au réfectoire la table des frères et prendre son repas avec eux.

Cette cérémonie, si inoubliable pour nous, était l'aube d'une de ces périodes de paix et de prospérité, qui reposent des épreuves du passé et préparent à celles de l'avenir. Notre vie monastique, sous la bénédiction de Dieu, et la protection de nos bienfaiteurs, se développait tous les jours. Pendant qu'une partie de nos moines accomplissaient leur travail quotidien de recherches dans les Archives et les Bibliothèques et préparaient les matériaux pour les publications futures, les autres se livraient avec zèle et fruit au ministère des âmes. La charmante chapelle suffisait à peine à contenir la foule des fidèles, venant assister à nos offices et s'unir à nos prières. Mais, dans les temps troublés où la Providence nous a fait l'honneur de nous admettre, les périodes de consolations ne sont que l'exception et ne tardent pas à faire place à des temps plus durs, mais aussi bénis par Dieu.

La persécution qui avait éclaté et que les votes d'un Parlement sectaire venaient de rendre légale, allait poursuivre son œuvre de dévastation et de ruines. Le 21 septembre 1901 était l'échéance fatale où les religieux non autorisés devaient quitter leurs résidences. La veille, le Dimanche 20 septembre, après le *Magnificat* des vêpres, le Prieur monta en chaire pour faire, d'une voix étranglée par l'émotion, ses adieux aux fidèles : « Le Seigneur nous avait donné cette demeure : le Seigneur nous la reprend. — Que son saint nom soit béni ! » — Quand, à la fin de cette allocution, il dit à la foule, au nom de tous les siens : « Adieu, mes frères, ou plutôt au revoir, car les hommes passent et Dieu reste ! » — les sanglots éclatèrent dans toute la chapelle, avec les cris : Au revoir, mes Pères ! — Le lendemain, le reste du mobilier était parti pour l'étranger et les moines se dispersaient dans divers monastères, attendant les réunions de l'avenir. Grâce aux démarches de M. le curé de Saint-Philippe du Roule, l'autorité diocésaine permit que la chapelle de la Rue de la Source continuât à rester ouverte aux fidèles et à jouir de ses privilèges ; c'est ainsi que Jésus-Christ dans son tabernacle fut constitué le gardien du monastère pendant les jours de la dispersion. M. l'abbé Fleuret, Mlle L... et le Prieur de Sainte-Marie réussirent à enlever aux mains des spoliateurs le monastère évacué et à le faire passer légalement à la famille de notre bienfaitrice — car, la Providence, ayant jugé bon de rendre l'épreuve douloureusement complète pour les moines dispersés, nous enleva vers cette époque notre vénérée bienfaitrice, Mlle L..., celle qui nous avait procuré tant de joies et de consolations et que le Bon Dieu, trouvant la vie de sa servante assez pleine, venait d'appeler aux récompenses éternelles. Cette mort si imprévue fut pour nous un coup terrible qui semblait anéantir les consolations du présent et les espérances de l'avenir. Mais, dans notre détresse, nous avions pour nous soutenir Dieu qui ne nous abandonna jamais et M. le curé de Saint-Philippe qu'il avait constitué notre ange gardien sur la terre et qui ne se départit jamais de sa mission. C'est avec une émotion profonde, que je reproduis aujourd'hui, alors que Dieu nous a enlevé encore ce patron, cet ami si inlassable dans son dévouement et dans son affection, la lettre écrite par lui en réponse à mes questions anxieuses sur l'avenir.

Cette lettre nous fera connaître mieux que je ne pourrais le faire moi-même, ses sentiments à notre égard et ses vues pour l'avenir :

Paris, le 25 mars 1907.

Mon Révérend Père et cher ami,

Vous avez bien voulu me demander dernièrement ce que je pensais de l'avenir du Prieuré Ste-Marie.

Il m'est facile et même agréable de vous répondre, malgré les tristesses des temps présents.

S'il ne s'agissait que d'exprimer un désir, je dirais que je souhaite, de toute mon âme, le rétablissement de cette maison ; car Paris offre aux hommes d'étude, comme les Bénédictins, des ressources exceptionnelles et leur place est là plutôt qu'ailleurs. Mais j'ai plus qu'un désir ; j'ai encore des raisons sérieuses d'en espérer la réalisation.

Vous connaissez, mon Révérend Père, la fondation toute providentielle de cette maison. La conservation de l'immeuble, dans son intégrité, n'est pas moins merveilleuse. Au milieu des ruines générales, Dieu a permis que cet immeuble échappât complètement aux coups du liquidateur pour rester aux mains de M. L... Ce frère, profondément respectueux des œuvres de sa pieuse sœur, a été heureux de conserver la chapelle *ouverte au public* et de continuer, dans la mesure du possible, une œuvre catholique dans l'immeuble du Prieuré. Je suis persuadé que, lorsque les circonstances le permettront, il se prêtera volontiers à la réalisation de la première pensée de Mlle L... Nous pouvons donc affirmer que ce Prieuré n'est pas mort. Protégé par une famille honorable et chrétienne, il demeure debout et attend ses premiers locataires. Quel est en France, à l'heure actuelle, le Monastère qui présente ce principe de résurrection ? Les branches sont dispersées ; mais l'arbre tient bon ; c'est le principal. Je n'ai pas besoin d'ajouter, mon Très Révérend Père, que, si Dieu me prête vie, vous pouvez compter, *tempore opportuno*, sur mon concours matériel et moral, le plus absolu. Je le dois à une œuvre qui a été trop providentielle pour qu'elle disparaisse de sitôt.

Veuillez agréer, mon Révérend Père et cher ami,

l'assurance de mon religieux respect et de mon affectueux dévouement en N.-S.

Signé : R. Fleuret.
curé de Saint-Philippe du Roule.

Certes, les assurances que nous donnait M. Fleuret n'étaient pas de simples formules de courtoisie destinées à nous consoler de nos déceptions et à nous soutenir dans l'épreuve ; c'étaient des promesses fermes qu'il était résolu à tenir et qu'il tint jusqu'à la fin. A mesure que les circonstances s'y prêtèrent, les moines du Prieuré revenaient de Belgique. Comme ils ne pouvaient plus rentrer dans le monastère et y reprendre leur vie conventuelle, ils s'étaient établis dans des logements assez rapprochés pour s'aider mutuellement dans leur vie de prières et d'études. Pensant avec raison que les fils de saint Benoît doivent être toujours prêts à s'employer au service de Dieu, le Prieur alla offrir à l'autorité diocésaine la collaboration des siens au ministère des âmes. M. le curé de Notre-Dame d'Auteuil accepta avec empressement cette collaboration qui ne tarda pas à produire les plus heureux résultats et qui devait, pendant la longue et terrible période de la guerre, en remplissant les vides, rendre possible le service de cette paroisse, où la plupart des vicaires avaient été mobilisés.

M. le curé de St-Philippe, qui avait été notre soutien et notre conseil au milieu de ces négociations, se constitua dès lors notre père nourricier. Il continua ce rôle jusqu'à la fin de sa vie avec une charité d'autant plus grande que, Mlle L... ayant disparu, il était seul à soutenir cette œuvre si chère à son cœur. Ah! certes, ce n'était pas un étranger au Prieuré; il faisait véritablement partie de la famille monastique. Quelle joie remplissait son cœur et les nôtres, quand il se trouvait au milieu de nous, ou quand son aimable invitation nous réunissait autour de la table hospitalière de son presbytère. Il connaissait chacun de nous et portait à tous un affectueux intérêt qu'il était heureux de leur témoigner.

Il avait mis sa chapelle des catéchismes à notre disposition pour les réunions mensuelles de notre association d'oblats du Prieuré : il assistait souvent à ces réunions, et quelquefois même les présidait. Il demanda un jour à faire partie de cette association et le Prieur eut l'immense consolation de lui donner le scapulaire Bénédictin et, un an après, de recevoir sa profession d'oblat, en l'affiliant officiellement à la famille monastique du Prieuré de Ste-Marie.

Devant cette tombe qui s'est refermée, devant cette mémoire dont nous avons essayé de faire revivre les principaux traits, nous nous inclinons respectueusement et douloureusement ; car nous avons perdu non seulement notre bienfaiteur, mais notre ami et notre *frère ;* dans notre douleur nous avons la confiance que, là-haut, Raymond Fleuret n'oubliera pas cette œuvre Bénédictine qui lui a été si chère pendant sa vie.

CHAPITRE VII

LA FIN D'UNE SAINTE VIE
HOMMAGES POSTHUMES

CHAPITRE VII

LA FIN D'UNE SAINTE VIE
HOMMAGES POSTHUMES

Cependant les années s'accumulaient sur les épaules du vieux lutteur, sans avoir pu les courber, mais n'en faisaient pas moins sentir leur poids. M. Fleuret avait atteint cet âge des octogénaires, que l'Ecriture appelle les *puissances* de la vie et qui n'aperçoivent devant eux qu'efforts vains et douleurs. Il regardait l'échéance fatale qui se rapprochait tous les jours et ne pouvait plus être bien éloignée, avec le calme et l'énergie d'une âme chrétienne. Son cœur désirait ardemment le moment où il serait appelé aux unions définitives : mais ce désir ne provenait pas d'un sentiment de lassitude qui n'est que trop ordinaire aux soirs des longues existences. Il se sentait encore des forces et il voulait les employer au service de Dieu ; il aimait les œuvres qu'il avait créées et qu'il soutenait : il était profondément dévoué à sa paroisse et aux âmes de ses paroissiens : il se sentait au cœur une ample provision de dévouement, qui ne demandait qu'à se dépenser. C'est ainsi qu'il réalisait les paroles que prononçait St Martin sur son lit de mort, en présence des regrets et des vœux de ses moines : « Mon Dieu, si je leur suis encore nécessaire, je ne refuse pas le travail, — que votre volonté soit faite » ! — Le résultat de ses méditations qui, dans cette dernière période, se portaient, plus fréquemment que par le passé, sur la mort et le jugement, se résumait dans un zèle plus ardent et plus surnaturel pour la gloire de Dieu et le bien des âmes. Par ailleurs, sur son action personnelle, et sa direction de la paroisse, les années ne semblaient avoir d'autre influence que d'en multiplier la clairvoyance et l'effort, à l'effet d'utiliser pour le mieux les quelques jours qui lui restaient à vivre. Il bornait ses désirs à cette prière qu'il se plaisait à répéter : « Je demande au bon Dieu de me garder mon cœur et ma tête jusqu'à la fin. » — Cette prière devait être exaucée. En le voyant si plein de force, jouissant de toutes ses facultés, sans aucune des infirmités de cet âge, ses amis, pas plus que lui-même du reste, ne pouvaient s'imaginer que le dénouement fût si proche.

Dans le courant de l'été 1914, au moment où allait se déchaîner la terrible guerre, dont Dieu lui épargnait le douloureux spectacle, une sorte de dépression physique, sans caractère bien déterminé, vint l'arrêter et obligea ce vaillant à constater la disparition de ses forces et le réduire à une inaction bien contraire à ses habitudes. Peu à peu ce prélude encore vague de la fin se caractérisa par une attaque de paralysie qui le priva en partie de l'usage de ses membres, en laissant intactes ses facultés de l'intelligence et du cœur, et qui se manifesta par des crises pénibles et fréquentes. Ces crises occasionnaient au vénéré malade de vives souffrances, l'ultime trésor donné par Dieu à l'âme qui va quitter la terre pour achever la purification. Sa patiente résignation, sa fervente piété se manifestaient admirables en face de la souffrance et de la mort qui approchait. Averti de la gravité de son état et ne se faisant aucune illusion, M. l'abbé Fleuret réclama les derniers sacrements qu'il reçut en pleine connaissance et avec d'admirables sentiments de foi et de piété. Quand on lui apporta le viatique, il fit un dernier et inutile effort pour se soulever et recevoir à genoux la suprême visite de Jésus ; il dit, du fond de son cœur, ces paroles qui forment la céleste conclusion de sa vie sacerdotale : *Veni, Domine Jesu, veni !*

Après son action de grâce, il dit à un de ses vicaires : « Priez bien pour moi, qui vais paraître devant Dieu ; au fond du cœur, on voudrait bien guérir, mais dans les hauteurs de l'âme je ne veux que ce que le Bon Dieu veut ». — Son cœur toujours aimant et charitable, au milieu des douleurs qui déchiraient son être, apercevant les angoisses de ceux qui l'entouraient, trouvait des consolations à adresser ; il disait à chacun quelques-unes de ces paroles de mourant, qui se gravent dans le cœur plus que dans la mémoire, pour y être un memento impérissable. A M. l'abbé Chopy, alors doyen de Marcenat, son parent très cher, qu'il avait choisi depuis longtemps pour son confident, son coopérateur pour le présent et pour l'avenir, et qui l'entourait de soins et d'affection, il disait avec l'émotion de sa reconnaissance : « O mon ami, tu me soignes comme une mère soigne son enfant : je te souhaite de trouver de pareils soins un jour — les prêtres sont si délaissés et abandonnés... » Aux Sœurs de St-Joseph, qui se tenaient dans un coin de la chambre, pleurant et priant pour celui qui leur avait fait tant de bien et sans lequel leur communauté n'existerait plus : « O mes filles, je vous ferai encore plus de bien. Le Bon Dieu me guérira pour vous ; ne pleurez pas ! » Durant sa maladie, il avait reçu la visite du directeur de ses écoles de Maillargues et il lui avait dit avec un charmant sourire : « Que je suis content de vous voir ici — il me semble qu'en vous je revois tout mon cher Maillargues. »

Dans les dernières journées, la Providence ménagea au vénérable malade quelques consolations qui vinrent apporter à son cœur sacerdotal leur douceur et leur réconfort. Un télégramme apportait de Rome la bénédiction du Souverain Pontife ; une lettre envoyée de Lourdes par le cardinal Amette, archevêque de Paris, et une autre, touchante et émue, écrite par l'évêque de Saint-Flour, disaient la part affectueuse qu'ils prenaient à à ses souffrances et à son état. Ces démarches touchèrent vivement le cœur de M. l'abbé Fleuret qui témoigna son émotion et sa reconnaissance par cette phrase résumant les sentiments de toute son existence : « Ces témoignages venus des Supérieurs font du bien : j'ai tant aimé mes Supérieurs ; je leur ai toujours obéi ; qu'ils sont bons de penser à moi et de prier pour moi ! »

Cependant, malgré tous les soins de son compatriote et ami, M. le docteur Ramond, le mal faisait son invasion irrésistible ; les paroles du malade se faisaient plus rares, sa respiration plus haletante ; par un suprême effort, il fixait avec amour et confiance ses regards à moitié éteints sur le Crucifix et la statue de sa chère Notre-Dame-de-Pitié qui semblait lui sourire et lui tendre les bras ; autour du lit, tous ses intimes étaient là, agenouillés, qui priaient en silence, son confesseur, son filleul M. l'abbé Simeterre, son vieil ami M. l'abbé Gréa, curé de Saint-François-Xavier, tandis que l'abbé Chopy soutenait la tête défaillante du mourant. Puis un soupir plus profond s'exhalait de ses lèvres et, pendant que son confesseur lui donnait, de la part du Dieu qui l'attendait, une dernière absolution, son âme quitta la terre, M. l'abbé Fleuret était entré dans son éternel repos au soir du 22 juillet 1914.

HOMMAGES POSTHUMES

Pour un homme de la valeur et de l'action sociale de M. Fleuret, une simple biographie s'arrêtant au lit de mort ne suffit pas ; elle demande comme complément un exposé sommaire des hommages rendus à sa mémoire après sa mort : cet exposé mettra plus en relief le rôle qu'il joua pendant sa vie et l'influence qu'il sut conquérir auprès de ses contemporains. Parmi ces hommages nous avons tout d'abord à redire ici les cérémonies et les caractères particuliers de ses obsèques.

D'après ses volontés, ces obsèques furent doubles, car il ne pouvait priver de cet honneur et de cette consolation, ni sa chère paroisse de St-Philippe du Roule ni celle d'Allanche. Si les fonctions ecclésiastiques qu'il avait exercées avaient fait de lui un Parisien, il n'avait jamais oublié son pays d'origine : né dans les montagnes du Cantal, il voulut que sa dépouille mortelle y fût rapportée pour y dormir son dernier sommeil auprès des siens, à l'ombre de l'église de son baptême, de sa première communion, au milieu de ces populations chrétiennes qu'il aimait, qui se souviendraient plus longtemps de lui, et qui viendraient prier sur sa tombe.

Le lundi 27 juillet 1914, fut célébré, avec toute la solennité que comportaient l'importance de la paroisse de St-Philippe et la personnalité du défunt, le service pour le repos de l'âme de M. l'abbé Fleuret. En l'absence de Son Eminence le cardinal Amette, qui se trouvait au Congrès Eucharistique de Lourdes, M. l'abbé Thomas, vicaire général, délégué par lui, présida la cérémonie, fit la levée du corps, célébra la messe et donna l'absoute. La plupart des curés de Paris étaient venus rendre un dernier hommage à celui qu'ils avaient considéré comme une gloire du clergé parisien et comme un exemplaire vénéré. Nos seigneurs Baudrillart, recteur de l'Institut catholique de Paris et de Teil, directeur de l'œuvre de la Sainte-Enfance, étaient venus rehausser de leur présence la cérémonie et rendre hommage à la mémoire de celui qui venait de nous quitter. Un clergé nombreux, une délégation du diocèse de St-Flour, des religieux en grand nombre remplissaient le chœur et priaient avec émotion. La nef et les bas-côtés étaient remplis de fidèles de toutes les classes de la société qui s'unissaient dans les mêmes regrets et dans les mêmes prières.

Le soir, un fourgon, transformé pour la circonstance en une chapelle ardente, emportait vers les montagnes d'Auvergne les restes mortels de celui qui avait fait tant de fois avec bonheur ce trajet au pays natal. Il était escorté dans cette ultime pérégrination par M. l'abbé Chopy et les autres membres de sa famille, par M. l'abbé Ablin, le si dévoué deuxième vicaire de Saint-Philippe avec deux de ses confrères, par M. le curé de Saint-François-Xavier et plusieurs autres membres éminents du clergé parisien. A la gare, le clergé d'Allanche vient recevoir le corps et le transporte en cortège funèbre à cette chapelle de Notre-Dame-de-Pitié qu'il avait construite et qui lui était si chère au cœur. Toute la population s'était rendue là, silencieuse et émue, pour témoigner sa vénération et ses regrets. Le lendemain elle se joignit au cortège qui suivait le modeste corbillard, dont les cordons étaient tenus par M. l'abbé Gréa, curé de

Saint-François-Xavier, par M. Roby, vicaire général de Limoges et supérieur du grand séminaire de cette ville, par M. l'abbé Ablin et par M. le chanoine Trioullier, délégué par le chapitre de Saint-Flour. Une centaine de prêtres étaient venus rendre hommage à celui qui était la gloire du clergé du Cantal. Dans l'église paroissiale toute revêtue de ses ornements de deuil, le corps de l'illustre fils d'Allanche est déposé dans le catafalque. Monseigneur Lecœur, évêque de Saint-Flour, voulant rendre à celui qui fut pour son diocèse une gloire et un bienfaiteur insigne, un public et solennel hommage de reconnaissance et de vénération, avait tenu, malgré les occupations de la retraite ecclésiastique, à présider pontificalement la cérémonie. Après les messes célébrées et avant de donner l'absoute, Sa Grandeur tint, contrairement à l'usage, à adresser à l'assistance quelques paroles émues et à faire l'éloge de celui qui avait fait tant de bien pendant sa vie et que Dieu venait de rappeler à lui ; il demanda pour lui la fidélité du souvenir et le juste et chrétien tribut des prières. Pendant toute la cérémonie et surtout en entendant les paroles de son évêque, la foule était en proie à une vive émotion. On entendit un pauvre qui dans le fond de de l'église sanglotait et qui laissa échapper ce cri du cœur : « Un homme comme celui-là ne devrait pas mourir ! »

Puis le cortège se mit en route pour le cimetière et l'on descendit le cercueil dans le modeste caveau de sa famille où M. l'abbé Fleuret va, au milieu des siens, dormir son dernier sommeil en attendant la résurrection éternelle.

Au milieu de l'émotion générale devant cette tombe qui venait de se fermer, Monsieur Chastel, avocat, conseiller municipal d'Allanche, se fit l'interprète des sentiments de la population en prononçant une allocution vibrante et émue dont nous nous contenterons de citer quelques extraits :

...M. Fleuret a passé ici-bas en faisant le bien et son œuvre pourrait tenir dans ces deux mots : Bonté, charité. Bon et charitable, il le fut du berceau à la tombe, et si nous jetons un regard dans le passé, même dans ce douloureux présent, son œuvre grandiose nous apparaît comme une suite ininterrompue de bienfaits.

... Toutes ces nombreuses entreprises nécessitaient des qualités maîtresses d'ordre, de méthode, de ténacité dans l'effort, qui faisaient la caractéristique de sa haute personnalité et, là où beaucoup auraient hésité et hésiteraient, M. Fleuret tentait de réussir et réussissait immanquablement et son activité si féconde malgré son grand âge, se dépensait avec une égale ardeur dans les champs de son vaste ministère.

Pour clôturer la série de ces hommages rendus à la mémoire de cet homme de Dieu reproduisons la lettre de Monseigneur l'évêque de Saint-Flour annonçant le décès de Monsieur Fleuret, curé de Saint-Philippe du Roule, vicaire général honoraire de Saint-Flour.

Monsieur le curé,

A Lourdes, où je suis venu prendre part au congrès Eucharistique, j'apprends la douloureuse nouvelle de la mort du très vénéré et aimé M. Fleuret, curé de Saint-Philippe du Roule, vicaire général de notre diocèse.

En partant de Saint-Flour, lundi, j'emportais de vives inquiétudes au sujet de la santé de ce prêtre éminent.

Il n'ignorait pas que nous avions le dessein de prier beaucoup Notre-Dame de Lourdes pour la conservation de ses jours si chers, et il n'avait pas été insensible à la promesse que nous lui avions faite, par l'intermédiaire du fidèle et dévoué M. Chopy, doyen de Marcenat, de dire la sainte messe pour lui, aujourd'hui jeudi.

En la disant ce matin, je ne pouvais m'empêcher de craindre que tout ne fût déjà fini ! Et en effet, je viens d'être informé que le bon M. Fleuret, comme nous nous plaisions à l'appeler, a rendu son âme à Dieu.

Je me hâte de vous transmettre la pénible nouvelle et de solliciter vos prières et, par vous, celles des fidèles et des communautés de votre paroisse pour le repos de ce prêtre si universellement regretté dans notre diocèse.

Ce n'est pas l'heure de retracer une vie pleine de bonnes œuvres et remplie de vertus.

Une partie, la première, s'est écoulée dans notre diocèse ; l'autre à Paris. Mais à Paris même, tout livré qu'il fût aux entreprises d'un zèle immense et d'une charité aussi industrieuse qu'admirable, à Paris même, il était resté le fils très aimant de l'Auvergne et de son diocèse d'origine.

Il nous l'a montré par des libéralités magnifiques et répétées, dont l'une des plus récentes et des plus chères à notre cœur eut pour objet de permettre à nos jeunes clercs de rentrer dans le grand séminaire acquis par lui.

Nous étions heureux, n'est-il pas vrai, d'être chez lui, dans ces murs retrouvés grâce à sa bonté ; j'ose dire qu'il était heureux de nous y voir et nous n'oublierons pas avec quelle insistance il disait et répétait, l'an passé, presqu'à pareil jour, devant les prêtres retraitants, « qu'il y a plus de bonheur à donner qu'à recevoir ».

Ce bonheur de donner, il l'a goûté souvent au profit de nos œuvres, tout le monde le sait. Qui pourra dire avec quelle bonté discrète, silencieuse et douce, il le faisait !

C'est qu'en effet (et voilà ce qu'il importe de dire à

l'heure où M. Fleuret vient de nous quitter), le cœur était grand chez lui ; et il était si grand parce qu'il était rempli d'une grande foi et d'une ardente piété.

M. Fleuret fut un prêtre, modèle des prêtres.

Voilà pourquoi nous unissons notre vénération et nos regrets à ceux du diocèse de Paris ; nous unirons aussi nos prières à celles de sa paroisse, de son clergé et de tous ceux, prêtres et fidèles, qui l'ont connu et aimé.

Les obsèques de notre si aimé et si regretté M. Fleuret auront lieu lundi à Paris ; mercredi à Maillargues.

Nous n'avons pas besoin de demander à MM. les les curés de se souvenir de lui au Saint Autel.

Le nom de ce saint prêtre est un de ceux qu'on n'oublie pas.

Il restera toujours béni et honoré parmi nous.

Veuillez, cher M. le curé, recevoir l'assurance de mes sentiments affectueux et dévoués

† Paul, évêque de St-Flour.

Lourdes, 23 juillet 1914.

Ajoutons à cette lettre épiscopale qui est le digne couronnement d'une telle vie, la mention des articles que publièrent, à l'occasion de cette mort, la plupart des grands journaux de Paris et de l'Auvergne et où ils saluaient avec respect la grande figure qui disparaissait et les œuvres admirables de sa féconde existence. Parmi tous ces hommages, signalons les articles plus importants que publiaient à cette occasion, avec leur esprit et avec leur cœur, dans la *Semaine Religieuse* de Paris, M. Ablin, 2ᵉ vicaire de St-Philippe du Roule et dans la *Semaine du Cantal*, M. le chanoine Trioullier, tous deux dévoués à M. Fleuret qui les honorait d'une affection spéciale et d'une entière confiance : ces deux notices, remplies de détails intéressants que leur intimité avec le défunt avait permis aux auteurs de recueillir et de publier, m'ont été d'un grand secours pour la biographie que j'ai entreprise.

Dans les archives de M. Fleuret nous trouvons deux lettres de l'archevêque de Paris, conservées avec un soin qui nous dit le prix qu'il y attachait.

Paris le 26 mai 1908,

Cher et vénéré Monsieur le curé,

J'apprends par la *Semaine religieuse* de St-Flour, que le 18 Décembre vous avez célébré, dans la solitude voulue par votre modestie, les noces d'or de votre sacerdoce.

Permettez-moi de vous dire combien je regrette que quelque pieuse indiscrétion ne m'ait mis à même de m'associer ce jour-là à vos actions de grâces et à vos prières.

Je viens du moins aujourd'hui vous adresser mes

félicitations et mes vœux et joindre la bénédiction de votre archevêque à celle que vous avez reçue du Souverain Pontife en cet anniversaire.

Que Notre Seigneur daigne vous garder longtemps encore à votre paroisse et à notre grand diocèse, où vous êtes si vénéré et si aimé !

Recevez, cher Monsieur le curé, l'assurance de mes sentiments bien affectueux et bien dévoués.

† Léon Adolphe.
Arch. de Paris.

Luchon, le 18 juillet 1914,

Cher et vénéré Monsieur le curé,

J'apprends avec une vive peine que vous vous êtes trouvé plus souffrant. Je veux vous dire que je suis avec vous par ma plus affectueuse sympathie et que je prie de tout mon cœur le Bon Dieu de vous conserver à l'affection de votre archevêque et de votre paroisse et de vous accorder toutes les grâces dont vous avez besoin dans cette épreuve.

Je vous bénis, cher Monsieur le curé, très affectueusement.

† Léon Adolphe, cardinal Amette.
Arch. de Paris.

Devant le dossier des lettres de condoléance, dont le nombre témoigne de l'immense notoriété de M. Fleuret et de la vénération reconnaissante dont il était entouré, nous nous contenterons de citer quelques courts extraits qui, soit par les personnalités dont ils émanent, soit par les détails qu'ils contiennent, peuvent éclairer de quelques nouveaux rayons la figure si attachante que nous avons eu à retracer.

Mgr Delmont, de l'Institut catholique de Lyon

Veuillez croire que je m'associe de tout cœur à votre deuil et que je pleure avec vous la perte irréparable que viennent de faire la paroisse de Saint-Philippe du Roule, le diocèse de Paris, le diocèse de Saint Flour, et tous les amis, tous les obligés de cet homme de Dieu, qui était si bon, si bon qu'il n'aurait pas dû mourir. Où trouver plus d'esprit sacerdotal, plus de fermeté dans les principes catholiques , plus d'amour ardent pour Rome et pour le Pape, plus de condescendance pour les personnes même les moins dignes d'intérêt ?

Mgr Grégorios Haggear, Archevêque de Galilée.

Je ne saurais dire toute ma consternation et mon immense douleur en recevant la dépêche me faisant part du décès de mon meilleur ami, collaborateur et vicaire général, du très regretté abbé Fleuret. — Mon Dieu ! quelle terrible et irréparable perte que celle de ce grand bienfaiteur, de cet ami fidèle, de ce père plein pour moi de tendre et charitable sollicitude !

Une fin si consolante n'est que le couronnement logique d'une vie sans tache ; d'une vie toute pure, sainte, et féconde en bonnes œuvres. — Il me semble que je lève à présent mes regards vers le ciel avec plus de confiance. J'y compte un ami qui y devient mon avocat et mon protecteur. — Puisse-t-il être un avocat de plus que la France aura envoyé là haut pour plaider sa cause et lui assurer le triomphe final qui sera celui du catholicisme et du Christ lui-même.

M. Fiat, supérieur général des Lazaristes

M. Fleuret était mon condisciple à St-Flour et je l'ai toujours eu en haute estime. J'ai su de lui-même qu'étant vicaire à St-Roch, il s'était comme engagé, avec ses collègues, à prêcher toujours selon la méthode de St Vincent, c'est-à-dire simplement. Il était un homme éminemment recommandable. Je le vénérais autant que je l'aimais.

Mgr Legasse, préfet apostolique de St-Pierre et Miquelon

Ma reconnaissance et mon affection pour lui sont plus vivantes que jamais au fond de mon cœur. Je n'avais pas besoin d'un signe sensible pour me les rappeler ; mais la vue de cette image, que j'insère pieusement dans mon bréviaire, ne fera que raviver de chers et doux souvenirs et aussi des regrets que j'aime à entretenir... Notre Dame de Pitié aura déjà, je n'en doute pas, ouvert toutes grandes les portes du ciel devant cette si belle âme sacerdotale.

M. Quignard, curé de St-Louis d'Antin, doyen des curés de Paris.

Je professais une haute estime et une profonde et fraternelle affection pour le très digne M. l'abbé Fleuret. — Nous avons à Paris plusieurs conférences *curiales*. M. l'abbé Fleuret était membre de la conférence *St-Charles*, dont j'ai l'honneur d'être le Président. Et je suis heureux de vous dire que la conférence avait en lui le prêtre parfait, le confrère édifiant, le conseiller sûr et instruit, l'ami le plus délicat, le cœur le plus généreux. Le diocèse et toutes les œuvres de charité de la ville de Paris font une grande perte. Le divin Maître l'a rappelé quelques semaines après mes *noces de diamant* sacerdotales. Sa mort m'a privé d'un voisin, d'un confrère, d'un ami, que j'aimais à aller visiter et consulter. — C'est près de Dieu que mon cœur va le chercher par la pensée et par la prière — en le priant de m'aider à le suivre bien près du divin Maître.

Après avoir exposé, dans son ensemble et dans ses détails, la vie de M. l'abbé Fleuret, résumé les miracles de sa charité inépuisable, de son zèle apostolique, et essayé de dire sa tendre piété et ses vertus ; après avoir couronné cette étude par les témoignages posthumes des regrets, de vénération et de reconnaissance que sa mort produisit parmi tous ceux qui avaient eu le bonheur de l'approcher et de le connaître, je crois être en droit de tirer de tout ce qui précède la conclusion que M. Fleuret fut un prêtre dans toute la force du mot, un saint prêtre, un prêtre éminemment exemplaire. Aussi en publiant ce modeste travail à sa mémoire, nous avons la conscience, non seulement d'accomplir une œuvre d'affection et de gratitude, mais encore de proposer au clergé un éminent modèle à reproduire.

In memoria æterna erit justus.

FIN

TABLE DES MATIÈRES

Lettre du Cardinal Amette, Archevêque de Paris. I
Lettre de Mgr Lecœur, Evêque de St-Flour . . II

INTRODUCTION . . . 1-13

CHAPITRE Ier

CAÈRE. CANTAL. FAMILLE. ENFANCE. ÉDUCATION. SÉMINAIRE . . . 17-30

CHAPITRE II

LES DÉBUTS DU MINISTÈRE . . . 33-53

CHAPITRE III

MONTMARTRE 57-74

CHAPITRE IV

SAINT-PHILIPPE DU ROULE . . 77-108

CHAPITRE V

LE SERVITEUR DE DIEU

I. Vie surnaturelle 112-125
II. Direction des âmes. Filles du Sacré-Cœur 125-140

CHAPITRE VI

LES ŒUVRES DE M. FLEURET EN DEHORS DE SA PAROISSE . . . 143 146

I. Œuvres du Cantal. Notre Dame de Pitié. Grand Séminaire 146-167
II. Prieuré Bénédictin de Sainte-Marie de Paris 167-184

CHAPITRE VII

LA FIN D'UNE SAINTE VIE . . . 187-193

Hommages posthumes 193-207

LIBRAIRIE ACADÉMIQUE PERRIN ET Cie

JOUBERT. — **Pensées. Édition complète.** 1 vol. in-16............ 3 50

— **Correspondance.** 1 vol. in-16. 3 50

FALLOUX (Cte de). — **Madame Swetchine, Sa vie et ses œuvres.** 2 vol. in-16............ 8 »

— **Correspondance du P. Lacordaire et de Mme Swetchine.** 1 vol. in-16. 4 »

— **Lettres de Madame Swetchine.** 3 vol. in-16............ 12 »

— **Augustin Cochin.** 1 vol. in-16, avec beau portrait gravé............ 3 50

LAUDET (FERNAND). — **Les Semeurs. Joubert, Mme de Chateaubriand, Mme Swetchine, La sœur Rosalie, Augustin Cochin.** 1 vol. in-16............ 3 50

MARGUERITE AUGUSTIN FÉRAUD. — *Un problème féminin.* **Apprendre à vouloir.** 1 vol. in-16............ 3 50

GODARD (ANDRÉ). — **Les Réfections françaises. Les Jardins volières.** 1 vol. in-16............ 3 50

JOERGENSEN (JOHANNES). — **Saint François d'Assise. Sa vie et son œuvre.** 1 vol. in-8° écu............ 5 »

— **Pèlerinages franciscains.** 1 vol. in-8° écu............ 3 50

— **Le Livre de la Route.** 1 vol. in-8° écu............ 3 50

Les Petites fleurs de saint François d'Assise (Fioretti), suivies des considérations des très saints stigmates. Traduction nouvelle d'après les textes originaux, par T. DE WYZEWA. 1 vol. in-16............ 3 50

VORAGINE (LE BIENHEUREUX JACQUES DE). — **La Légende dorée,** traduite du latin d'après les plus anciens manuscrits, par T. DE WYZEWA. 1 vol. in-8° écu............ 5 »

SERTILLANGES (A. D.). — **Les Sources de la croyance en Dieu.** 1 volume in-16............ 3 50

GOYAU (LUCIE FÉLIX-FAURE). — **Vers la Joie. Ames païennes. Ames chrétiennes.** 1 vol. in-16............ 3 50

— **La Vie et la Mort des Fées.** 1 vol. in-16............ 3 50

— **Spectacles et Reflets. L'Ame des enfants des pays et des saints.** 1 vol. in-16............ 3 50

— **Christianisme et Culture féminine.** 1 vol. in-16............ 3 50

— **Choses d'âme.** 1 vol. in-16............ 3 50

J. PH. HEUZEY. — **Un apostolat littéraire. Lucie Félix-Faure Goyau. Sa vie et ses œuvres, son journal intime,** avec portrait. 1 vol. in-16. 3 50

HELLO (ERNEST). — **L'Homme. La Vie. La Science, l'Art.** 1 vol. in-16.. 3 50

— **Physionomies de Saints.** 1 vol. in-16............ 3 50

— **Paroles de Dieu. Réflexions sur quelques textes sacrés.** 1 vol. in-16. 3 50

— **Le Siècle. Les hommes et les idées.** 1 vol. in-16............ 3 50

— **Rusbrook l'Admirable** (Œuvres choisies). 1 vol. in-16............ 3 50

— **Contes extraordinaires.** 1 vol. in-16............ 3 50

— **Philosophie et Athéisme.** 1 vol. in-16............ 3 50

EYMIEU (ANTONIN). — **Le Gouvernement de soi-même. Essai de psychologie pratique,** 1re série. **Les Grandes Lois.** 1 vol. in-16............ 3 50

— **Le Gouvernement de soi-même,** 2e série. **L'Obsession et le Scrupule.** 1 vol. in-16............ 3 50

Paris. — Imp. E. CAPIOMONT et Cie, rue de Seine, 17.

M. DU BOURG

DE FLEURET

CURÉ

de

-Philippe-du-Roule

: 3 fr. 50

PARIS

rie académique

RRIN ET Cⁱᵉ

www.ingramcontent.com/pod-product-compliance
Lightning Source LLC
Chambersburg PA
CBHW071928160426
43198CB00011B/1317